Divisando Wall Street desde el Sur de América

Una guía práctica que le ayudará a entender el mercado de acciones

José N. Abbo

Divisando Wall Street desde el Sur de América:
Una guía práctica que le ayudará a entender el mercado de acciones

Copyright © 2000 José N. Abbo

Derechos reservados conforme a la ley.

ISBN: 1-58736-005-5
LCCN: 00-108193

Publicado por Hats Off Books
610 East Delano Street, Suite 104, Tucson, Arizona 85705, EEUU
www.hatsoffbooks.com

La portada de este libro y el formato de su contenido fueron diseñados
por Atilla Vékony.

Impreso en los Estados Unidos de América
Printed in the United States of America

Dedicada a la memoria de mi Tía Raquel.
Veo sus lindos ojos brillar al pensar
que eternamente está acompañada de la
afección, amor y cariño de mis abuelitos Ana y David.

A mi padre Sammy,
quien me ha enseñado que no se gana la batalla peleando
sino, honestamente luchando.

A mi madre Flor,
quien sembró en mí la voluntad de mover montañas.

A mi talentoso hermano Jacobo,
cuyas composiciones musicales inspiran armonía a la imaginación.

A mi hermana Camila, la realista de la familia,
quien me ha hecho ver más allá pero con los pies firmemente en la Tierra.

A mi encantadora hermana Lea,
cuya inmensa bondad me ha enseñado el valor del toque humano.

A mi esposa Sharon,
la accionista mayoritaria de mi corazón.

Un Agradecimiento Especial

Sería egoísta de mi parte el haber llegado a publicar esta obra literal sin dar un especial agradecimiento al Sr. Roberto Brenes P., actual comisionado de la Comisión Nacional de Valores de Panamá, y reconocida figura financiera en Panamá y Centro América, dada su dedicación profesional a la promoción de la democratización del capital en nuestra región.

Desde que escribí el primer temario en 1995, de lo que eventualmente se convertiría en *Divisando Wall Street desde el Sur de América*, el Sr. Brenes, me ha dado desinteresadamente su estímulo y apoyo moral tanto como socio, profesional y amigo, para que mis esfuerzos por la educación financiera a las personas comunes como usted y yo, se vieran en el resultado de la publicación de este libro.

¡Gracias Mef!

Quiero además expresar un especial agradecimiento a Atilla Vékony y al equipo editorial encargado de mi libro en Hats Off Books. Al final de cuentas, la publicación formal de esta obra, no hubiera sido posible sin que esta empresa de la Nueva Economía, hubiese creído en el potencial de este libro al haber aceptado mi manuscrito para su revisión, edición e impresión.

ÍNDICE GENERAL

Cuarto Capítulo 101

Quinto Capítulo 123

Sexto Capítulo 141

Séptimo Capítulo 153

Octavo Capítulo 171

Noveno Capítulo

Décimo Capítulo

Epílogo

Acerca del autor

José N. Abbo, fascinado por el mundo capitalista y los avances tecnológicos del momento, obtuvo su Licenciatura Académica de Nova University en 1990. Comenzó su carrera financiera y visionaria en 1987 con la publicación del artículo "Visión Futura" en la prensa local. Desde ese entonces, éste ha invertido y especulado en acciones, mercados a futuros, opciones y, como cualquier humano común, de vez en cuando se juega la lotería. Creó *Fax y Valores* en 1990, un boletín financiero con comentarios de los mercados, dirigido a instituciones financieras y publicado hasta 1994. Subsiguientemente, trabajó como escritor e investigador financiero y freelancer para la revista *América Economía*, los *Country Reports (Panama)* del Economist Intelligence Unit de Londres, y la publicación FFO sobre Panamá, también del Economist Intelligence Unit (Nueva York). En 1994 se integró como oficial de mercadeo de la Bolsa de Valores de Panamá y en 1996, fundó el centro de educación bursátil FX Valores, el cual administra hasta la fecha. De igual forma, Abbo, continua escribiendo artículos, con un característico estilo dinámico al incorporar el tema financiero con el impacto de avances tecnológicos en la sociedad moderna. Éste a la vez asesora entidades bancarias en la utilización y aplicación de la Internet para el desarrollo de estrategias en línea, y entrena personal de dichas instituciones para el mercadeo de productos financieros.

Prólogo

Los últimos diez años marcarán por mucho tiempo el sistema económico del planeta. La cibernética y la Internet han revolucionado todos los aspectos de la vida diaria. La expansión de la capacidad de la computación y el consecuente abaratamiento de sus costos han permitido que los frutos de esa revolución tecnológica hayan impregnado los estratos más amplios de una Sociedad cada vez más global; cada vez más inter-independiente.

El tránsito entre lo posible y lo real, entre lo virtual y lo económico, ha sido posible gracias al mercado de valores, el cual tuvo que reinventarse varias veces en pocos años para ser fuente confiable de los ingentes recursos que los sueños de la tecnología demandan y al mismo tiempo, anfitrión y árbitro del flujo de recursos financieros más grande de la historia del Capitalismo.

Pero el inversionista y el soñador cibernético también esperan del mercado orden, transparencia y objetividad. Sin esas virtudes, los mercados no serían confiables ni líquidos y las posibles ganancias del sistema productivo tecnológico sería como polvo entre los dedos. En ese continúo proceso de reinventarse, el mercado de valores, llámese Wall Street, Nasdaq o los mercados Continentales y Asiáticos han sufrido voluntariamente o por la fuerza grandes cambios, transformaciones que van desde la estructura de sus sistemas de negociación hasta la habilitación de grandes infraestructuras de información de uso público.

Al mismo tiempo, el uso generalizado de la PC, sus nuevas y amenazantes tecnologías, como el acompañante electrónico de mano, animales cada vez más poderosos pero más amistosos, han hecho posible acometer con sencillez complejos problemas de la teoría financiera moderna. Gracias a la difusión instantánea que brindan los omnipresentes proveedores de la Internet y que han puesto a disposición de profesionales y laicos por igual, un arsenal de herramientas de análisis y ejecución que de suyo han democratizado el perfil del analista financiero.

Este libro, *Divisando Wall Street desde el Sur de América*, es simplemente una guía actualizada de ese nuevo mercado de valores. Este libro no es un volumen avanzado sobre el mercado; ni lo pretende ser. Este libro, pensado y escrito en español aspira a explicar simple y llanamente las complejidades del mercado de manera objetiva pero con una referencia continua y sencilla al inventario tecnológico de Wall Street y de la Internet. Una guía a entender las paradojas del riesgo-retorno con el hombre de la calle o el aficionado estudiante en mente. Este libro que sin pretender inventar ni filosofía brinda una perspectiva fresca al análisis de un viejo problema, ¿cómo invertir?

En un mundo que se transforma la novedad es común. El recurso escaso ha sido siempre la popularización de las novedades y de las consecuencias de esas novedades. Este libro acomete con éxito ese propósito y su lectura lo constatará con sobradas razones.

Roberto Brenes P.

Panamá, julio del 2000

Introducción

Un Vistazo desde la Costa

Acerca de *Divisando Wall Street desde el Sur de América*

Un Vistazo desde la Costa

"Eventualmente, la historia nos dice que habrá una corrección de una dimensión significativa; en lo que ésta no nos ayuda mucho, es en decirnos cuándo..." Alan Greenspan, Director, Banco de la Reserva de los EEUU, el 21 de julio de 1998.

El 28 de marzo del 2000. Abby Joseph Cohen, prominente analista de Goldman Sachs y ardiente promotora del mercado de acciones, anuncia su recomendación de reducir por un 5% la exposición accionaria a tecnología en su cartera de inversión modelo. Al día siguiente Mark Mobius, afamado administrador de activos del Templeton Emerging Market Funds advierte que acciones de empresas de Internet llegaban a un punto que era inconcebible justificar sus valuaciones y éstas podían corregirse de un 50% a un 90% de sus altas registradas. Echando sal a la fresca herida, el jueves, día 30 de marzo, el reconocido inversionista y también administrador de fondos, Julian Robertson confirma la liquidación de su fondo Tiger Management LLC, en donde mantenía unos $6,500 millones invertidos en acciones. La semana culmina con una caída de 386 puntos en el indicador bursátil del Nasdaq, reduciendo su valor por un 8%. Con el indicador en 4,572.83, inversionistas se están poniendo nerviosos.

Lunes, el 3 de abril del 2000. El juez de la Corte de Distrito de los EEUU, Thomas Penfield Jackson, falla en contra de la Microsoft acusando a la empresa de haber violado la Ley Sherman contra prácticas monopolísticas. En respuesta, las acciones del Gorila Tecnológico pierden un 14% de su valor accionario arrebatándole más de $70,000 millones en un solo día. Bill Gates corre el peligro de convertirse en la segunda persona más rica del mundo. A la vez, el indicador bursátil del Nasdaq cae 349.15 puntos ante la combinación de opiniones negativas y la intención de intervención regulatoria del gobierno en el caso Microsoft — Taboo de las ruedas del capitalismo. El mercado accionario siente que se ahoga.

15

Martes, el 4 de abril del 2000. Dando continuidad al sentimiento negativo, el Nasdaq sucumbe hasta 575 puntos, o 13.6%, en lo que pudo haber marcado el peor día desde el Pánico de Octubre de 1987. Entonces un histórico revés — el indicador bursátil de la Nueva Economía registra un giro de más de 1,000 puntos de la alta a la baja del día, terminando abajo apenas 74.79 puntos registrando su sesión más volátil en la historia bursátil de Wall Street hasta esa fecha...

¡Vaya manera de darle la bienvenida al fascinante mundo bursátil! Pero, estando anuente a las tempestades que en esta travesía, tarde o temprano afrontará, le permitirá embarcar ya preparado en nuestro trayecto hacia Wall Street. Como verá, otras tripulaciones que han mantenido el curso de acuerdo al plan de navegación, han sido bien compensadas.

Utilizando el indicador bursátil Standard & Poor's 500, (el cual está compuesto de 500 empresas cuyas acciones son consideradas como las más líquidas en base a su valor del mercado accionario o la llamada capitalización del mercado), del 31 de diciembre de 1926, al mismo mes terminado en 1998, el retorno total en estos valores fue del 11.38% anualizado. Esto es, $100 invertidos al inicio de 1926 en el mercado accionario de los Estados Unidos, al finalizar 1998 hubiesen crecido a $234,944.13. En los últimos 50 años terminados al mismo período, el retorno anualizado ha sido del 13.80% y en los últimos 20, el retorno anualizado ha sido del 16.00%. Entre esas emocionantes y deprimentes altas y bajas, desde que oficialmente se inició la última corrida bursátil de la Nueva Era aquella semana del 16 de agosto de 1982, cuando el ubicuo Promedio del Dow se encontraba en 792 puntos, éste ha arrojado un rendimiento anual aproximado del 16%, nunca alejándose más del 20%, hacia arriba o hacia, abajo de esta tendencia.[1] Bueno, la paciencia es una virtud en el mercado, pero si esta apurado, sepa que en los últimos cinco años terminados a 1998, el retorno anual del mercado ha registrado retornos en el orden del 24% anual.

Retornos arriba del 20%, van muy por encima de la tendencia logarítmica, cuya norma es de un 11%–12% anual. Esto, aparentemente, ha mimado a la nueva generación de inversionistas, que

---

1. Harry Dent, "A Valuation Test for Stocks," CNBC.com (24 de julio de 1999).

bien lo pudiera incluir usted. Aunque debido a los retornos extremos de los últimos años—para 1999 el Promedio Industrial del Dow Jones registró un incremento del 25%, mientras que el Nasdaq registraba una apreciación del 86%—se ha incrementado el retorno anualizado histórico, dicha separación de la tendencia tradicional pudiese ocasionar una reversión al promedio, "ajustándose" a la tendencia lineal de retorno a largo plazo mencionada anteriormente. Este "ajuste" puede suceder de dos formas: con una corrección considerada o que en los próximos años, las acciones queden estancadas en un rango. Es decir, que se convierta en dinero "muerto": mientras pasa el tiempo, va disminuyendo el retorno anualizado corrigiendo lo que algunos consideran, el exceso especulativo de finales de los '90. Así pues, nos topamos con nuestro primer dilema. ¿Dejamos de pasar el costo de oportunidad ante una eventualidad que puede o no suceder, con tal de no arriesgar el valor de nuestro capital? Hágase la pregunta. ¿Valdría la pena esperar dicha corrección?

¡No! Como dijo Alan Greenspan en 1998, el Director Ejecutivo del Banco de la Reserva de los EEUU, la historia no es muy buena dando una señal precisa de cuándo pueden ocurrir dichas correcciones. Si las necesidades de capital no son inmediatas (menos a cinco años), invertir en acciones puede representar una interesante proposición. "La historia," explica Jim Jorgensen en su libro *Money Lessons for a Lifetime*, "ha demostrado que el mayor riesgo al invertir, no es estar en el mercado cuando cae, sino estar fuera de éste cuando se recupera."

Instrumento	Retorno nominal	Retorno real
Acciones	13.60%	9.70%
Bonos Corp. EEUU (LP)	6.20%	2.30%
Letras del tesoro 3 meses	5.10%	1.20%
Inflación en EEUU	3.90%	N/A

Retornos anualizados de 1948 a 1998. *Fuente: Stocks, Bonds, Bills and Inflation, 1999 Yearbook* © 1999 Ibbotson Associates, Inc. Basado en material registrado con derechos de autor por Ibbotson y Sinquefield. Todos los derechos reservados. Utilizado con permiso.

Note que para efectuar estas estimaciones y demostrar la efectividad de las acciones como inversión al largo plazo, he utilizado una tasa anualizada histórica conmensurada con la tendencia a largo plazo que cubre períodos volátiles en nuestra carrera humana. Estos abarcan la Guerra Fría, brotes inflacionarios (1940, 1970, 1980), recesiones (1960, 1990), crisis de liquidez (1997-1998) y estagnación (1970, 1980). Estos ciclos han sido testigos del surgimiento de ideales políticos demagogos, escándalos y crisis financieras—como fue la Década Perdida de los '80 en Latinoamérica y la implosión económica de Asia y Rusia hacia finales de los '90. Sí, el mercado condena dichas penas políticas y económicas con duros veredictos sociales. Ah, pero aún cuando se teme que Nostradamus haya dado en el clavo con su profecía, como podrá observar en el cuadro, estos instrumentos exponen una convincente apelación, sobrecediendo a cualquier otra clase de inversión financiera.

Ante los Riesgos Sistémicos de la bolsa, cuando la marea nivela todos los barcos sin importar el tipo de embarcación, personas que se han trazado un camino a largo plazo, han de afrontar la situación aprovechando la baja, para acumular más de aquellos empréstitos, que en base a su análisis, aún mantienen sus sólidos fundamentales. Al corto plazo, un sinnúmero de factores afectan la variación de las acciones, pero se da el ímpetu en la apreciación al largo plazo de una acción en particular por la capacidad de la empresa de generar utilidades operativas a una tasa de crecimiento satisfactoria y sostenible para con los inversionistas. Lo peor que puede hacer es liquidar sus posiciones en medio del pánico.

Prepárese, por que por algo a las acciones se les refiere como instrumentos de rendimiento variable.

En 1998, se dieron 63 días en que el Promedio Industrial del Dow Jones fluctuó más de 100 puntos. El 35% de los días éste cerró por lo menos 1% más alto o más bajo que el día anterior. En julio de ese año, el Dow cerraba en 8,883.29 puntos, para agosto del mismo año este registraba una caída del 15%, situándose en 7,539.07 puntos, abrumado por la crisis de liquidez que afectó los mercados de capitales a nivel global. Para diciembre del mismo año, el Dow terminaba en 9,181.43 puntos: ¡una recuperación del 22% en menos de seis meses! Esto, gracias a una agresiva reducción en tres meses de

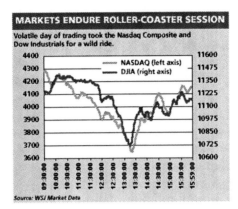

Abril 4 del 2000. Volatilidad en la *Era Punto Com*. Tanto el ubicuo Promedio Industrial del Dow Jones, como el Indicador Compuesto del Nasdaq, se tiraron en un precipitado salto al estilo *Bungee*, en lo que a la fecha se ha convertido en el día más volátil del mercado accionario de los Estados Unidos. Gráfica cortesía del WSJ.com.

0.75 puntos porcentuales en el costo del dinero a corto plazo por parte del Banco de la Reserva de los Estados Unidos, subsanando la crisis.

Pero el 4 de abril del 2000 fue el día más volátil en la historia bursátil de Wall Street. Tanto el ubicuo Promedio Industrial del Dow Jones, referido como el indicador de la Vieja Economía, (ya que, con la excepción de la Intel y la Microsoft, la mayoría de sus componentes son empresas formadas durante la época donde se dió la dominación económica por el poderío industrial y tangible de los Estados Unidos), como el Indicador Compuesto del Nasdaq, referido como el indicador de la Nueva Economía, (ya que la mayoría de sus componentes son empresas formadas más recientemente, cuando se da la dominación económica de los Estados Unidos por su poderío tecnológico y éste se mide por su capital intelectual e intangible) registraron giros de triples dígitos en un precipitado salto al estilo *Bungee*, acompañados de un volumen record de 1,460 millones en el New York Stock Exchange y 2,800 millones en el Nasdaq.

De la alta registrada aquel día, el Dow había registrado una espeluznante caída de 734 puntos y el Compuesto del Nasdaq 700 puntos. Subsiguientemente, el miércoles, el día 12 de abril del 2000, el compuesto accionario tecnológico, cae 286 puntos, marcando hasta esa fecha, la segunda corrección mayor al 20% en un período de dos años desde que registrará su mayor nivel histórico. Finalmente, el viernes 14, inversionistas buscando un respiro a la peor semana en la historia de Wall Street, fueron ahogados por una abrumadora corrección de 355 puntos en el Nasdaq, abajo ahora 34% de su alta y 617.78 puntos en el Promedio Industrial del Dow. Aceite de castor para la generación de inversionistas que con un retorno arriba del 85% durante 1999 en las acciones de la Nueva Era, pretendían que el Nasdaq era un tiquete de solamente ida al cielo. ¡Acciones, como vertiginosamente se dieron cuenta, mientras más alto suban, más duro pueden caer! Estas extremas variaciones, sea hacia arriba o hacia abajo, se conoce como volatilidad.

Matemáticamente, ésta se define como la variación porcentual que un instrumento financiero sube o baja en un determinado período de tiempo. A medida que el mercado de acciones se ha convertido en un medio de inversión cada vez más común en nuestra sociedad, la atracción de más y más participantes con diversos estados emocionales ante eventos diarios, lo ha hecho más volátil al corto plazo. Érase una época en que una variación del 1% en los indicadores bursátiles, fue considerada como una sesión volátil. Hoy, esta variabilidad se ha convertido en cosa común. No es sorpresa que durante dos o tres día de la semana, se registren variaciones mayores al 1%.

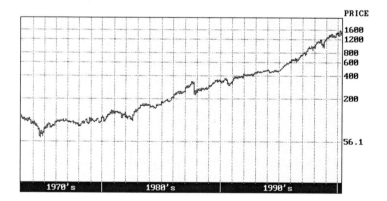

Si observa la gráfica histórica del mercado, en este caso basado en el Standard & Poor's 500, tanto a cinco como a diez años, notará como en general, con todo y uno que otro tropieza en el camino, las acciones han mantenido su dirección alcista. Gráfica cortesía de www.wallstreetcity.com por Telescan, Inc. (281-588-9700).

Desde 1960, el mercado, basado en el indicador Standard & Poor's 500, ha sufrido ocho correcciones que le han recortado un 20% o más de su valor. La más reciente, fue en el verano de 1998 y la más dramática, fue el *Crash* de 1987, cuando el Promedio Industrial del Dow Jones perdió un 22% en tan solo un día. En términos absolutos, tenemos el aterrador Lunes Gris de octubre 27 de 1997, cuando este indicador perdió 500 puntos en un solo día (un 7% de su valor). Las fluctuaciones del mercado son parte del negocio, y si usted ha hecho bien su tarea, debe amarrarse bien esos pantalones y aprovechar los tropiezos del mercado para acumular más de sus acciones. Tarde o temprano su temperamento se pondrá tan volátil como el mercado. Cuando esto suceda, vuelva a leer este capítulo.

Aun así, esta temible volatilidad, va disipándose a largo plazo.

Si observa la gráfica histórica del mercado en la pagina anterior, tanto a cinco como a diez años, notará como en general, con todo y uno que otro tropiezo en el camino, las acciones han mantenido su dirección alcista. Cuando las acciones mantienen esta tendencia positiva, nos referimos al Mercado del Toro o *Bull Market*. Entrar en una tendencia bajista secular, es decir notablemente prolongada (el llamado Mercado del Oso o *Bear Market*) implicaría que el mercado prevee más que una pausa, un retroceso, en la carrera del avance tecnólogico. Han habido períodos trágicos que bien se reflejaron en el comportamiento negativo de las acciones, tales como la Depresión de los años '30 (que conllevó al surgimiento de ideales extremistas y a renglón seguido, la Segunda Guerra Mundial), el conflicto de Vietnam, la espiral inflacionaria de principios de los '70 y '80, la Implosión Asiática de 1997 y el Desfalco Ruso de 1998.

¡Algunos son de la opinión de que habrán tiempos en donde el efectivo será el rey, así como los bonos, metales preciosos, bienes raíces, obras de arte o el colchón de su propia cama! Estos inversionistas tratan de jugar con estos períodos, entrando y saliendo del mercado, en lo que se conoce como *market timing*. Otros, utilizan la llamada estrategia del momentum, comprando y vendiendo acciones de moda ante la primera mención positiva o negativa en los medios financieros sin importar los fundamentales detrás de ésta. Estas estrategias son extremadamente difícil de ejecutar con precisión y por lo general, se dispara el tiro por la culata, distorsionando sus planes de inversión al largo plazo. No se deje llevar por la Teoría del Tonto. Recuerde que usted está invirtiendo, no apostando. ¡La diferencia está, que en el primer caso, el retorno sobre su principal se espera obtener a períodos de mediano a largo plazo, y en el segundo, en menos de lo que canta un gallo!

Sucede que cuando las acciones pasan por estos notables períodos de corrección, es muy difícil determinar cuando finalmente se ha encontrado el punto más bajo (lo que se puede saber únicamente en retrospectiva), o el mejor nivel para volver a entrar. Esto distorsiona su retorno esperado en el futuro. Puede suceder que cuando, efectivamente, el mercado ya se ha recuperado lo suficiente, las acciones en donde estaba invirtiendo, hayan regresado al nivel previo a la corrección y usted se ha mantenido, aún, fuera de éstas. Las recuperaciones ante dichas correcciones cada vez han tomado menos tiempo. Por ejemplo, luego del debacle accionario de 1987, le tomó al Nasdaq casi dos años en recuperarse de una caída del 36% para volver a registrar una nueva alta. En 1990 el tiempo fue de unos cinco meses, pero, para el pánico de 1998, le tomó apenas dos meses recobrar los 30% pérdidos de julio a octubre de aquel año (*Investor's Business Daily*, el 10 de abril de 2000). Piénselo: le tocará volver a entrar al mercado con los niveles altos que, precisamente, trató de evitar para obviar la corrección.

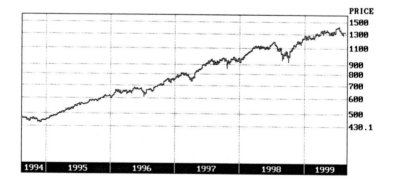

En los últimos cinco años, notará como las acciones tienden a recuperarse de las correcciones, sin preaviso alguno. Los períodos sobresalen en 1994, 1996, 1997 y 1998. Gráfica cortesía de www.wallstreet-city.com por Telescan, Inc. (281-588-9700).

El factor más importante a considerar es su tolerancia de riesgo, y usted, es el único en capacidad de determinar que tanto puede soportar la volatilidad de las acciones y, por ende, incluir una parte considerable de su cartera de inversión en éstas. Aquellos que con tolerancia aceptaron los riesgos inherentes (siendo pacientes con el crecimiento de las empresas que nos ayudan a tener una forma de vida más civilizada e inteligente), han sido y estarán bien compensados.

Ahora tome una pausa, y anote en una hoja los nombres de aquellas empresas cuyos productos o servicios, recientemente, han tenido un impacto en su manera de vida o han llamado su atención por la dominación que ejercen en el mercado global. Encontrar oportunidades de inversión en acciones de empresas es bien fácil. Hoy por hoy, estamos rodeados de éstas—tanto en el mundo físico como en el virtual.

¿Está viendo CNN (AOL Time Warner)? ¿En su PC, Palm, Celular o TV? ¿Fue interrumpido por la "quinta de Beethoven," programada al bastón de su celular Nokia? ¿Ya su refrigeradora le mando un *e-mail* al técnico para alertar que no está operando antes de que se le cuaje la leche? Con el concepto de tener Internet en cualquier lado a cualquier momento, su auto se convertirá en un portal en ruedas y cada aparato enchufado en su hogar tendrá una dirección de protocolo de Internet (IP) el cual podrá accesar y el aparato contactarlo a usted, por medio del correo electrónico alertándolo con el tema "llamar al reparador." ¿PC para que una PC?

La demanda por el ancho de banda ante el crecimiento de la Internet está conllevando a infraestructuras de transmisión óptica y el nacimiento de nuevas empresas como Alteon Web Systems, Brocade y Sycamore Networks. Otras empresas en este marco son Cisco Systems, Netopia, y Network Appliance. La conversión digital por el cable, fibra óptica y el llamado DSL—Línea de Cobre Acelerado (*Digital Subscriber Line*) hacia su PC y su TV, gracias a empresas como Covad, Copper Mountain Networks y la rejuvenecida AT&T, convertirán a su PC, Apple o los nuevos Netpliances (Artefactos de la Net) en un completo e inteligente centro de entretenimiento.

Empresas como la WorldCom, apalanqueando las nuevas tecnologías de transmisión óptica, actualizan sus sistemas para proveer servicios telefónicos mediante *switches* de comunicación digital. Conocida como Telefonía Internet, ésta ha de acelerar la espiral deflacionaria en los costos en llamadas locales e internacionales, ex-reguladores gubernamentales y leyes proteccionistas—a la vez que disparará los *bits* de data y video en el mismo hilo de fibra óptica. ¡Su dirección de *e-mail*, bien podrá convertirse en su número de acceso telefónico y su proveedor telefónico, gracias a empresas como Deltathree.com o ITXC Corp., bien podrá ser su proveedor de acceso a Internet (*Internet Service Provider*) y estar ubicado tanto en Panamá como en los EEUU!

La TV no se quedará atrás, con el mandato de la Federal Communications Commission (FCC), el ente regulador del sector de las telecomunicaciones de los Estados Unidos, en los próximos años, todas las transmisiones deberán efectuarse a través del espectro digital y en alta resolución, empresas como Liberate Technologies, Scientific Atlanta y la poderosa combinación de la America OnLine con la Time Warner, transformarán esta simple caja en un sistema superdotado en información y entretenimiento de alto calibre.

El teléfono celular y los llamados *handheld*—equipo de mano (Palm, Handspring), tomando ventaja de la telaraña digital, permitirán que vaya al supermercado sin tener que escribir una lista ni pasar por la caja registradora. Desde su casa podrá primero "scanear" los códigos de barra de productos que hacen falta reponer transmitiendo la información directamente a su celular o "handheld." A medida que transita por el pasillo del supermercado, una luz o señal le alertará hacia la ubicación de los productos que bajaron hacia su maquinita, y a medida que los va recogiendo, la carretilla contará con una red digital que los volverá a scanear, siendo debitados inmediatamente a su cuenta o su tarjeta. ¡Adiós filas interminables en la irónica Caja Rápida! De tener que viajar, sencillamente accesará www.travelocity.com desde su Palm, requerirá un horario de vuelos, verá un diagrama del 747 con la disponibilidad de asientos, marcará el de su preferencia, confirmará la reservación y ¡*voila*! ¡Millas acumuladas al instante!

Las oportunidades están en empresas dedicadas a: transmisión de datos por el llamado ancho de banda; provisión de aplicaciones y servicios remotos; nuevas ciencias de biotecnología conocidas como farmacogénica y bioinformática; aquellas que brindan la convergencia entre entretenimiento, las telecomunicaciones e la infraestructura del Internet. En fin, en servicios e industrias que mantienen el ritmo continuo del mejoramiento y facilidad de nuestra manera de vida.

Pero no corra a comprar las acciones de empresas que aquí menciono sin haber efectuado una diligencia debida. Estas fascinantes tecnologías traen consigo una alta volatilidad como realizaron inversionistas que se dejaron llevar por el misticismo de algunas empresas de la Nueva Era a principios del 2000. Como dicen los gringos, "¡no existe tal cosa como un almuerzo gratis!" Un buen inversionista hace su trabajo. Este ha de considerar la situación financiera de la empresa, sus prospectos de crecimiento y si, en relación a estos prospectos, se está pagando demasiado o no por arriesgar el capital. Muchos, llevados por la euforia del revolucionario medio de la Internet, aprendieron la dura lección de que no todo lo que era *dot com* brillaba, abrumados por una corrección hacia el primer trimestre del año 2000 cuando una gran cantidad de acciones de empresas de la esfera *punto com*, perdieron hasta un 90% de su valor del mercado. Las cualidades de un inversionista es que éste no sólo observa, sino que estudia, analiza y aprende continuamente.

¡Ya pronto hemos de zarpar!

Acerca de *Divisando Wall Street* *desde el Sur de América*

¡Bienvenido a bordo! Antes de zarpar en esta aventura, debemos determinar su función como tripulante. Este libro se concentra, predominantemente, en el análisis de acciones. Aún así, he incluido un primer capítulo que le servirá como una guía básica para ubicarse financieramente y considerar las diversas alternativas de inversión a su disposición. Esto dependerá de sus objetivos, su ingreso actual y su capacidad de poder mantener este ingreso. Tenga en mente que las acciones han de ser un complemento indispensable en su nido del retiro, pero la proporción que ha de incluir en su cartera, dependerá, tanto de su edad, como los factores mencionados previamente ... y su estómago.

Le guiaré en el proceso de tomar una decisión juiciosa. No necesariamente, uno invierte en la acción de alguna empresa en particular, porque escucha el nombre de la empresa hasta en el cantar de las golondrinas. ¿Recuerda las zapatillas LA Gear? Sus acciones una vez llegaron a cotizarse hasta $42.00. La compañía hoy opera en quiebra, y el precio de sus acciones en octubre de 1997, fue de 9 centavos. Para ese entonces, el New York Stock Exchange, formalmente pidió la autorización de suspensión de la cotización de estas acciones ante la Securities and Exchange Commission (SEC). Lo mismo sucedió con el famoso restaurante Planet Hollywood y el sistema satelital de comunicaciones Iridium, que tuvieron que solicitar ser protegidos de sus acreedores en agosto de 1999, y el último finalmente liquidado en el 2000. El ambicioso proyecto de la Iridium, llevó las acciones de la empresa hasta los $70.00 en medio de la euforia de los prospectos de que el "ladrillo con antena," conectaría por teléfono satelital, al más remoto monje en las Himalayas, con el resto del mundo. Una lección muy importante es que si el día de mañana, lee en www.wired.com de una empresa que está por fabricar un auto que corre con agua, antes de jugar el palo loco con su dinero, debe estar anuente a la situación solvente de ésta, y la capacidad de su administración de generar un retorno atractivo hacia sus inversionistas manteniendo un ritmo de crecimiento lo suficientemente atractivo sin depender de apalancamientos excesivos. ¿En que pensaban los cegados inversionistas que utilizaron un Nokia para comprar las acciones de Iridium con su corredor en Nueva York desde Londres? Estos debieron realizar antes de decir comprar, el medio que estaban utilizando para efectuar la transacción.

El costo de la oportunidad de invertir en esta clase de aventuras implica un monto el cual podemos cuantificar al optar por una u otra inversión. Esto lo aprendemos en el segundo capítulo al explicar la importancia que tiene el costo del dinero a través del tiempo en la toma de decisiones de inversión. El tercer capítulo le enseñará a interpretar la situación financiera de una empresa analizando sus estados financieros. Debe hacer su tarea, investigar y analizar la empresa, no sólo cualitativamente sino, cuantitativamente.

Asumiendo que ha hecho bien su tarea, y ha determinado que los fundamentales de esta empresa ameritan una inversión, no vaya a ser que pague muy caro por ésta, dejándose llevar por la llamada Teoría del Tonto. Según esta teoría, aún anuente de que estoy pagando demasiado alto por una acción, no importa porque espero que habrá un tonto más tonto que yo, quien pagará más por ésta. Cuidado y se queda esperando a ese tonto... Esto sucedió durante 1999, a aquellos que compraron acciones relacionadas con la Internet, como uBid, (un sitio de "subasta virtual"). En diciembre de 1998, las acciones de esta empresa registraron una alta de $190.00 ... para agosto de 1999, éstas se cotizaban en $22.00. Éste es tan solo un ejemplo de acciones de empresas que ante la euforia irracional que llevó sus valores de mercado a precios que "descontaban el futuro de sus utilidades al más, más, mucho más allá," entraron en una fase correctiva, hacia finales del siglo pasado y en algunos casos amenazaban con desparecer de la faz de la net ya para principios del XXI. Entre éstas, Peapod.com, CDNow.com, ValueAmerica.com y entre la ola .com quién sabe cuantas más a la publicación de este libro. El capitalismo fiel a su causa, se encarga de ir colando la nata de la leche. Como notará, la gran mayoría de estas víctimas desenvolvieron su modelo de ingresos en un ambiente que gracias a su eficiencia lo hace altamente competitivo, dada la facilidad en que se pueden comparar precios con tal solo el *click* del ratón, obligando a las empresas a entrar en un ciclo vicioso de ofertas, ventas al o por debajo del costo y altas inversiones de capital en mercadeo e infraestructura tecnológica. Dada la naturaleza humana, que le sirva esto como advertencia que, tarde o temprano, usted podrá caer en la tentación. ¡No es pecado tomar riesgos, pero tenga mucho cuidado! Por lo general, un 5% de su capital ha de ser separado para asumir riesgos extremos en donde su principal podrá apreciarse o desintegrarse a la velocidad de la luz.

Existe un sinnúmero de filosofías y estudios utilizados para evaluar acciones y determinar si el potencial de retorno amerita la inversión en relación al riesgo asumido.

En los capítulos cuatro cinco hemos de concentrarnos en las dos principales escuelas de estudio del valor y el comportamiento de las acciones; el análisis fundamental y el análisis técnico.

¿Es una acción de $15.00 más barata que una acción de $50.00? ¿Al poder comprar más acciones de la primera que de la segunda, tengo entonces una mejor oportunidad de obtener un mejor retorno sobre mi inversión? Si tengo $1,000.00 para invertir, puedo comprar unas 66 acciones del primer caso, y en el segundo apenas si me alcanza para comprar unas 20 acciones. Entonces diríamos que efectivamente la acción de $15.00 como su precio implica, resulta mejor al poder adquirir más de ésta y por ende me ofrece un mayor potencial de retorno que la de $50.00. ¿Correcto? Me temo que no.

Digamos que en el caso de las acciones de $15.00, al cabo de un año estas se aprecian un 10%, mientras que la segunda, un 20%. Si compré 66 acciones a $15.00 y al cabo del año éstas las puedo vender a $16.50, obtengo en retorno $99.00. No está mal, pero si "apenas" compré 20 de las de $50.00 y éstas se aprecian un 20% a $60.00, ¡mi retorno es de $200! En base al retorno del monto total invertido, ¿que acción resultó mejor? ¿La más "cara" o la más "barata"? No estamos mejor comprando una acción a $10.00 si el potencial de crecimiento de la empresa es del 10%, mientras que una que cuesta $50.00 ha de reflejar un potencial de crecimiento del 20% anualizado. Como dice Jeff Wise, "no ignores una acción porque su precio es más alto de lo que tu esperas gastar. Uno estará mejor comprando una acción cara que ha de incrementar en *valor* que una acción barata que ha de bajar en *precio*."

Aquel inversionista que efectúa el llamado análisis fundamental, considera la inversión primordialmente en base a lo que está detrás de la empresa y sus perspectivas a largo plazo. Para éste, la empresa debe mantener razones de solvencia y de rentabilidad atractivas o brindar señales que éstas están mejorando.

Por su parte, el analista técnico, no determina el valor de una acción *per se*, sino que éste se guía en base a la dirección de la tendencia del precio de ésta, mediante el estudio de gráficos, e indicadores obtenidos de complejas fórmulas matemáticas.

Pienso que contemplar una inversión en acciones basado únicamente en este estudio es como ver al mundo tridimensional de manera unidimensional. Si bien este estudio es de suma importancia al determinar si invierte o no en la acción, el estudio fundamental le permitirá obtener una vista más cercana a los 20/20, por ende uno se ha de convertir complemento del otro.

Sin duda que la Internet está aquí para quedarse y transformar nuestras vidas tal como lo hizo la generación eléctrica con el mejoramiento productivo de los conglomerados industriales a finales del XIX y principios del XX. El mercado bien estará descontando esta eventualidad, quizás de igual forma que lo hizo hacia los 1,700 cuando una de las acciones de moda era una empresa que haría una incursión en el descubrimiento de las Islas Australianas. Oh sí, esto sucedió... ¡50 años más tarde que aquella empresa aventurera dejará de existir! Mismo tango, diferente pareja. Muchas veces no es tanto el análisis fundamental sino la observación de gráficas las que nos puede dar la señal de advertencia o que efectivamente, algo positivo se está incorporando en la tendencia positiva de una acción. Hoy por hoy, el análisis técnico funge como complemento al fundamental. Terminados estos capítulos, usted estará en una posición que le permitirá hacer decisiones más sabias al considerar acciones. Antes de proceder al séptimo capítulo, donde finalmente aprenderá como colocar y ejecutar la transacción, damos un paseo adonde ocurre la acción.

Es en la bolsa de valores, donde día a día, los participantes se disputan estos empréstitos bursátiles, sea en Nueva York, por las venas electrónicas del Nasdaq o por las nuevas redes electrónicas de comunicación (*Electronic Communications Networks*). Es en este laboratorio financiero donde se da el voto de confianza o no, a las expectativas del producto o servicio de una empresa, a la capacidad de ésta de compensar a sus accionistas con resultados positivos. Es aquí donde el experimento a veces lanza el péndulo al extremo de los temores o al de las euforias irracionales. Ahora que está listo para abrir su cuenta con el corredor y colocar su primera orden, debe entender el funcionamiento detrás de las cortinas y ciertos términos del vocabulario financiero, que le permitirán obrar recíprocamente con su corredor.

Si hay algo que está transformando la industria financiera es la Internet. Es increíble como en menos de cinco años, ha surgido una plétora de empresas de corredores en línea, que para beneficio del inversionista han ocasionado que los costos por transacciones se hayan desplomado sin sacrificio del servicio. Es más, ante la voraz competencia, empresas como Schwab, Fidelity, E*Trade, DLJ Direct y demás, se ofrecen servicios agregados que incluyen, noticias del mercado y de empresas, análisis de empresas, de fondos mutuos, gráficos, programas de colocación de activos y análisis de posiciones, entre tantos más, que ya ponen en peligro la función del corredor tradicional. ¡En el séptimo capítulo veremos como abrir una cuenta con el corredor sea tradicional o en línea, para que ya pueda tirarse a nadar con los tiburones!

Todos los seguidores de los mercados financieros hablan de los índices y los relacionan a la dirección general del mercado de acciones. ¿Qué o quién es el Dow Jones? Un simple promedio que surgió en 1896 ante la iniciativa del introvertido Charles Dow de crear un mecanismo que permitiera observar la actividad económica a nivel nacional por medio del comportamiento de las acciones de las principales industrias de su época. Esto de los indicadores bursátiles, lo veremos en el octavo capítulo, en donde explico, la manera en que éstos, nos permiten elaborar una perspectiva de la situación económica futura en base a su comportamiento, y cómo estar anuente a innovaciones que nos alertan de posibles oportunidades.

Otro fenómeno en los últimos años que ha transformado la manera en que se invierte en la bolsa, son los llamados Fondos Mutuos, que entre sus beneficios están, permitirle concentrarse en sus labores cotidianas, dejando la preocupación de la volatilidad de la bolsa al administrador del fondo. Dichos fondos, son como una empresa, de la cual usted obtiene acciones. El capital recaudado por inversionistas es agrupado y utilizado para efectuar las transacciones bajo el nombre de la empresa de la inversión. Una explicación que le servirá de introducción al funcionamiento de estos valores lo vemos en el noveno capítulo.

Cada día, más y más participantes se integran a la Internet para utilizarla como una herramienta de inversión. La Internet, debo enfatizar, se ha convertido en una herramienta extremadamente importante en el arsenal del inversionista. ¡No aprovecharla sería como negarse a utilizar un teléfono hace 40 años y seguir colocando las órdenes con el corredor utilizando el telégrafo! Si aún no tiene acceso a la "supercarretera de la información," mejor es que se apure. Hoy día, no es sólo la sobreviviencia del más fuerte, sino la sobreviviencia del más rápido y, de más está decir, que a esta liebre no se queda dormida. Tome la postura de la tortuga y tanto la liebre, como el mundo entero, le pasarán por encima. Finalmente en el décimo capítulo aprenderá a sacarle provecho a este medio.

Bueno, con brújula en mano, no vale más que embarcar hacia nuestra travesía. ¡Bienvenido a bordo!

Primer Capítulo

Trazando un Objetivo Financiero

En este capítulo:

- *Como saber si su posición financiera es apta para invertir en acciones*
- *Alternativas de ahorro e inversión basadas en su capacidad financiera*
- *Proceso para crear su cartera de inversión de acuerdo a las alternativas*
- *Ejemplo de cartera modelo que le servirá como guía*

Trazando un Objetivo Financiero

Un tal Dr. Lawrence J. Peter, dijo que "si no sabes hacia adonde vas, probablemente terminarás en otro lado." Así que a primera orden está en ubicarse y trazar su objetivo. Antes de embarcarse en altamar, debe estar uno seguro de sí, haber enfocado su objetivo y ubicarse tanto emocional como financieramente. Wall Street es el peor lugar para conocerse a uno mismo. Lo primero, entonces, es mirarse en el espejo. ¿Tiene el estómago para sobreponerse a los sube y baja que caracterizan el mercado? Como vimos en la introducción, *jugar* el mercado a corto plazo es una proposición peligrosa; *invertir* a mediano o largo plazo, es otra cosa. (Más de esto, en el siguiente capítulo).

Como cazan los aviones durante la Guerra del Golfo, usted debe enfocar su objetivo. ¿A qué período está dispuesto a invertir? ¿Utilizará parte de sus fondos para la educación universitaria de sus hijos, para la boda de su hija o para su retiro? Toda inversión implica algún tipo de riesgo. Esto significa que puede llevar a la pérdida parcial o total de su principal original y además no obtener el retorno necesario para compensarlo por los objetivos trazados. ¿Puede tomar el riesgo? Ante la realidad inherente de lo que caracteriza cualquier clase de inversión, tanto de rendimiento variable como de rendimiento fijo, antes de contemplar zarpar, debe haber sobrepasado la capacidad para poder subsistir y estar en aquel nivel donde ya tiene un colchón de seguridad, que en el peor de los casos, le permitirá mantener su nivel de vida, por lo menos por un año.

Sin educación no hay progreso. Es de suma importancia que entienda esto. Hoy no basta con tener un trabajo rutinario si desea seguir hacia adelante. Vivimos en una era altamente dinámica: ¡vamos a la velocidad de la Internet! Tal como siempre se ha dado a través del avance de la civilización, el futuro está en profesiones de servicios que de una manera u otra están relacionadas con las nuevas tecnologías que actualmente se forjan y requieren de capacidad intelectual y analítica. Debe mantenerse a tono con los tiempos, y esto implica embarcarse en un programa continuo de aprendizaje, sea propio o por medio de alguna institución vocacional. Los japoneses lo llaman el mejoramiento continuo, o *kaizen*. "El factor que moldeará nuestro destino económico será el llamado Capital Humano," explican W. Michael Cox y Richard Alm, en su libro, *Mitos del Rico y el Pobre*. Es el intelecto el que le dará el empuje requerido. Ésta es la Era del Capital Humano como lo llaman Cox y Alm. Leer y estudiar es un requerimiento si quiere aprender a aprovechar de las oportunidades en el mercado de acciones, ya que estará constantemente en contacto con los acontecimientos tecnológicos, sociales y políticos del momento, que efectivamente tendrán un impacto en su forma de vida mañana.

Observe el siguiente cuadro. ¿En que nivel se ubica? ¿Su nivel le permite asumir el riesgo de invertir en acciones? A la medida que se va superando, las alternativas se expanden. Como observará, cada paso escalado abre la siguiente puerta a una nueva oportunidad de inversión.

MENOR RIESGO

Nivel I   Necesidades básicas

Nivel II   Alternativas de ahorro
                  Cuenta corriente
                  Cuenta de ahorros
                  Certificado de depósitos
                  Plazo fijo
                  Fondo de mercados de dinero

MAYOR RIESGO

Nivel III   Alternativas de inversión
                  Instrumentos de rendimiento fijo
                          Valores comerciales negociables
                           Notas y bonos corporativos
                  Instrumentos de rendimiento variable
                           Acciones

RIESGO EXTREMO

Nivel IV   Otros
          Derivativos
          Mercados a futuro
          Lotería y casino

Ahora, para poder entender de que se trata cada una de las alternativas y seleccionar aquella conmensurada a su tolerancia al riesgo y capacidad financiera, veamos un catálogo de instrumentos financieros.

Los instrumentos financieros

Mediante los mercados financieros, usted obtiene el derecho al reclamo de un ingreso futuro, sea mediante el recibo periódico de un flujo de efectivo (instrumentos de rendimiento fijo) o la apreciación futura del valor o una combinación de ambos (instrumentos de rendimiento variable). El valor que usted invierte o paga hoy, el llamado valor presente, se dará por la suma de dichos flujos de efectivo, que se esperan recibir en el futuro, descontados a una tasa de retorno (la llamada tasa de descuento) lo suficientemente atractiva, como para ser compensado por el riesgo de efectuar dicha inversión hoy. (Ver al siguiente capítulo).

Cuando nos referimos a acciones, es decir, instrumentos de rendimiento variable cotizadas en los mercados de capitales, implicamos que se dará la apreciación por el incremento en el precio de la acción sobre lo que pagamos originalmente, y la distribución de una porción de las utilidades (dividendos), otorgados por la empresa de la cual somos accionistas. Al pagar por una acción hoy, de la cual no esperamos recibir dividendo alguno, nuestra expectativa es realizar una ganancia de capital en el precio futuro de la acción, dado por el crecimiento de la empresa. Las llamadas empresas en crecimiento generalmente optan por re-invertir sus utilidades y no pagar dividendos, o pagar un monto mínimo en relación a las utilidades, dado que reinvertir éstas, representa el costo más bajo de obtener capital para mantener un ritmo atractivo de crecimiento de sus operaciones y por ende su patrimonio.

Se da la diferencia entre las alternativas de ahorro y de inversión, por el hecho de que en el primer caso, se implica la acumulación de dinero con el objetivo de salvaguardar el principal y utilizar los fondos junto al interés devengado, en un futuro cercano. En este caso no se esperan fluctuaciones en el instrumento que puedan afectar el valor del principal original. Por otro lado, una inversión implica un grado de riesgo, lo cual se acepta y se incorpora en la llamada tasa de retorno. Al esperar retornos superiores sobre la inversión efectuada con un horizonte de mediano a largo plazo (5 a 10 años).

Se entiende que el valor de la inversión, sujeto a fluctuaciones, podrá disminuir o inclusive desaparecer ... triste realidad. Veamos entonces las diversas alternativas financieras que tiene a su disposición. Éstas van desde la que se considera la menos arriesgada (ahorro) a la más arriesgada (inversión). Tendremos entonces alternativas de ahorro y alternativas de inversión.

Alternativas de ahorro

A. Depósitos bancarios
Objetivo: ingreso

¡Aburridos! No pretenda hacerse millonario con certificados de depósitos, mucho menos con una cuenta de ahorros. Al usted cederle el derecho a la entidad bancaria (una raza en extensión ante la revolución financiera del siglo XXI) a canalizar su depósito a discreción de ésta, le remunerarán mediante el pago de intereses sobre el depósito. Obviamente, el interés de la entidad está en obtener el mayor margen de ganancia (*spread*) entre lo que paga por depósitos (parte de sus costos de capital o financiamiento) y lo que cobra en donde coloca o presta estos fondos. El rendimiento para el depositante estará sujeto al margen de interés de mayor conveniencia a la institución. Aquí por lo general tenemos:

	Liquidez
1. Depósitos a plazo fijo	Mínima
2. Certificados de depósito	Mínima
3. Cuentas de ahorro	Máxima
4. Cuentas corriente	Máxima

B. *Fondos de mercado de dinero*
Objetivo: ingreso

También aburridos. Creados como una alternativa a los depósitos bancarios. Resultan más atractivos a aquellos que mantienen una cuenta corriente, donde el pago de intereses es nulo o insignificante. También resultan un interesante vehículo para aquellos que no constan de fondos suficientes para abrir un depósito a plazo fijo o, aún cuando pudiesen hacerlo, desean mantener sus fondos líquidos. Los fondos de mercado de dinero, por lo general requieren un mínimo de $1,000 en comparación a los $10,000 requeridos para los certificados de depósito y depósitos a plazo fijo, respectivamente. Se obtiene el interés mediante la colocación de fondos en instrumentos de rendimiento fijo a corto plazo, los cuales se ofrecen en los mercados de dinero. Este rendimiento, es posteriormente transferido a los participantes del fondo, quienes adquieren acciones de participación cuyo valor se mantiene en $1.00 por acción, ya que se redimen o emiten acciones por el monto exacto depositado o desembolsado. Estos fondos dan facilidades para hacer efectivo su dinero mediante tarjetas de débito y/o chequeras. La liquidez en estos vehículos es considerablemente alta, aunque el principal está expuesto a la solvencia de las empresas de las cuales se adquieren los papeles. A diferencia de los depósitos bancarios, el interés pagado en estos fondos dependerá del rendimiento ofrecido por los instrumentos en los que el fondo invierte.

C. *CD's con participación accionaria*
Objetivo: ingreso y apreciación

Pudiéramos clasificar estos instrumentos en el área gris que separa un instrumento de ahorro de uno de inversión. Como respuesta al ambiente competitivo por captación de fondos ante el impacto que ha tenido el interés de inversión en acciones e instrumentos relacionados, que ofrecen mayor potencial de retorno que los certificados de depósito—lo que fuese el pan y mantequilla del fondeo de los Bancos—éstos ahora ofrecen los llamados CD's con participación accionaria o de capital garantizado. Dichos instrumentos tienen el valor de vencimiento de su principal "amarrado" al retorno durante dicho período a un indicador bursátil como lo es el Standard & Poor's 500. Dichos instrumentos se han hecho populares dado que enfocan hacia inversionistas que temen de la volatilidad del mercado, pero no quieren dejar de pasar la oportunidad que este ha representado en los últimos años. Éstos están dispuestos a limitar su retorno, aunque aun mayor a que si sólo adquirieran el CD común, dado por el complemento accionario, con tal de obtener una garantía que les da la paz mental de no perder su principal invertido originalmente. Podemos referir a estos instrumentos como "valores de consuelo."

Alternativas de inversión

A. Papel comercial
Objetivo: Ingreso

Las corporaciones emiten estos instrumentos directamente a los mercados de capitales. Se utilizan para obtener fondos a corto plazo y por lo general, así mantener un capital de trabajo positivo o para requerimientos inmediatos que no requieren el medio alterno que es, la utilización de una línea de crédito. El vencimiento es menor a un año y por lo general se emiten éstos las empresas de alto rango crediticio, aunque no siempre es así. El rendimiento en estos instrumentos tiende a ser más atractivo que el de un certificado de depósito o un plazo fijo. Por lo general, éstos se cotizan como un bono a descuento sin pagar cupón alguno. Al vencimiento del valor se paga el valor nominal del instrumento. La diferencia entre el precio de compra y el valor nominal, representa el retorno al inversionista. La ventaja que tienen estos instrumentos para el inversionista es la flexibilidad de poder obtenerlos por montos menores al que se requiere por abrir un plazo fijo y los rendimientos, a veces, son más atractivos que los ofrecidos por una entidad bancaria. Vale notar que esto no necesariamente implicaría mayor riesgo por la compensación de éste. En Panamá, estos instrumentos se conocen como Valores Comerciales Negociables (VCN´s). Algunas entidades locales ofrecen dicho papel con cupón. Para comparar el rendimiento de estos valores con el de un bono a plazo mayor de un año, se debe obtener el llamado rendimiento al vencimiento.

B. Bonos
Objetivo: ingreso

Pueden resultar tan volátiles como las acciones en períodos de incertidumbre económica, como sucedió en 1994, a finales de 1997 y durante 1998. Si invierte en ellos, esté dispuesto a mantenerlos hasta su vencimiento de forma que le alcance el Pepto Bismol, si se decide a invertir en acciones. Estos los emiten corporaciones y gobiernos a períodos mayores a un año en denominaciones mínimas de $1,000.00 (su valor nominal). Cuando se cotizan éstos al 100% de este valor, se dice que éstos se ofrecen a par. Por encima de este valor, se dice que se ofrecen a una prima, y por debajo, se ofrecen a un descuento. A su vencimiento, el inversionista redime el bono por su valor nominal, para así recuperar su principal. El flujo de efectivo, conocido como el cupón, recibido durante el período de tenencia del bono, es el retorno sobre su inversión. Normalmente, los bonos comprometen al emisor efectuar pagos periódicos, que pueden darse cada tres o seis meses. Los cupones detallan la tasa a pagar sobre el valor par. Por ejemplo, un bono con un cupón del 7%, cede al inversionista un pago de $70.00 anuales, [$1,000 (valor par) × 0.07], o de darse el caso de ser un pago semi-anual, $35.00 cada seis meses. El pago de los bonos emitidos por entidades Europeas devengan generalmente cupones anuales.

Una variación al bono "vainilla," es el llamado Bono Cero Cupón, que se vende a un descuento significativo de su valor par y donde el emisor no hace pagos periódicos del cupón (de allí el nombre de Cero Cupón). Al vencimiento, el inversionista recibe el 100% del valor nominal del instrumento, que ha de representar el retorno sobre su inversión sobre el desembolso inicial. Por ejemplo, si usted obtiene un bono Cero Cupón al 30% de su valor nominal con vencimiento a 20 años, su rendimiento anualizado al vencimiento sería de un 6.0%, ya que recibiría $1,000 por cada $300.00 que invirtió originalmente. Estos instrumentos son utilizados en las llamadas estrategias de capital garantizado. En general, el riesgo de inversión en bonos está sujeto a la solvencia de la empresa y a los niveles de inflación que puedan tener un efecto negativo sobre el retorno real de estos valores. Los bonos corporativos, pueden ofrecerse con o sin colateral, en cuyo caso se les refiere como "debenturas." En caso de liquidación de la empresa los poseedores tendrán prioridad de reclamo sobre los activos de ésta antes que los accionistas comunes. La liquidez de estos instrumentos dependerá de su disponibilidad en los mercados de capitales.

C. Acciones comunes
Objetivo: apreciación de capital

Prepárese, en ciertas ocasiones, las acciones le harán sentirse como masoquista. Éstas representan una participación en el patrimonio de la empresa. Al adquirirlas, legalmente, usted se convierte, en parte, dueño de ésta. Esto le permite beneficiarse del potencial de crecimiento de la entidad, dada por la generación de sus utilidades, que fluctuarán en base a las condiciones de la economía, del sector o industria de la misma empresa, o dependiendo de la sagacidad de sus directores de poder mantener un crecimiento secuencial ante ambientes adversos de operaciones y competitivos. El retorno sobre la inversión a corto plazo podrá estar sujeto a las condiciones del mercado (riesgo sistémico), pero a largo plazo, se ha demostrado que eventualmente la tendencia sigue la situación fundamental de la misma empresa (riesgo característico o específico). A medida que la empresa crece, (como consecuencia de la generación de sus utilidades, reteniendo e invirtiendo éstas), esto ha de verse reflejado en el precio de la acción, en cuyo caso, puede venderlas en el mercado de valores a una prima sobre el costo original, obteniendo así una ganancia de capital. A diferencia de las otras alternativas, la seguridad de retorno sobre la inversión no está garantizada e inclusive se corre el riesgo de perder todo el principal invertido originalmente. Aún sin liquidarlas, el valor de su inversión puede fluctuar por debajo de lo invertido, (la llamada "pérdida o ganancia en papel").

En caso de liquidación de la empresa, los accionistas comunes son los últimos en tener algún reclamo sobre los activos de la entidad. Existen diversas clases de acciones comunes. Generalmente, éstas se clasifican en acciones de Clase A o B, o cualquier otra letra del alfabeto, implicando derecho a voto o no, así como la participación por separado de las utilidades en alguna subsidiaria de la empresa madre.

Método no complicado
para colocar sus activos

Ahora, la pregunta es: ¿qué tanto de mis fondos he de colocar en cada uno de estos activos?

Por más que quieran venderle la idea de que existen programas que automáticamente determinan el porcentaje que ha de colocar en las diversas clases de inversiones, o que los "expertos" sabrán desarrollar un programa de colocación activo óptimo para sus objetivos, ninguna máquina, ni ningún otro humano, estará en mejor capacidad que usted mismo de determinar su tolerancia "emocional" de riesgo. Ya que usted es la persona que mejor se conoce, debe determinar su objetivo de inversión, para entonces crear una cartera de inversión conmensurada a su personalidad y bajo su capacidad monetaria. El siguiente esquema, le servirá como una guía para la colocación de sus activos:

1. Clases de activos a considerar a invertir

A. Efectivo
B. Instrumentos de rendimiento fijo
C. Instrumentos de rendimiento variable

2. Porcentaje a invertir de acuerdo a activo

A. Efectivo	**10.00%**
B. Instrumentos de rendimiento fijo	**10.00%**
C. Instrumentos de rendimiento variable	**80.00%**

3. Activo específico de acuerdo a porcentaje determinado

A. Efectivo	**10.00%**	
1. Fondo de mercado de dinero	40.00%	
2. Cuenta de ahorro	60.00%	
B. Instrumento de rendimiento fijo	**10.00%**	
1. Papel comercial < 1 año	40.00%	
a. Empresa XYZ		50.00%
b. Empresa ABC		50.00%
2. Bonos hasta 5 años	40.00%	
a. Empresa XYZ		100.00%
3. Bonos a más de 5 años	20.00%	
a. Empresa ABC		100.00%

C. Instrum

```
                                         ,.00%
                                        50.00%
                                        50.00%
                                    45.00%
                                        40.00%
                                        30.00%
                                        30.00%
                                     5.00%
                                        30.00%
                                        25.00%
                        JN)             25.00%
        d. II.                          20.00%
```

Quizás conocerá empresas como la General Electric y la Home Depot, pero ¿ha escuchado alguna vez de Affymetrix? La empresa desarrolla un "microprocesador genético" (GeneChip) utilizado en la decodificación de nuestra programación genética (DNA). ¿De Liberate Technologies o de InfoSpace? ¿Cómo puede aprender acerca de las demás empresas o leer más acerca de Affymetrix? He aquí su primera tarea. Puede ir directamente a los sitios de estas empresas en la Internet dirigiendo su *browser* a www.*nombre de la empresa*.com, por ejemplo, www.affymetrix.com. Si no encuentra el sitio de esta forma, vaya entonces a www.altavista.com e introduzca el nombre de la compañía. Lo más probable es que el primer enlace listado lo llevará al *web site* de ésta. Si utiliza Netscape Navigator (ahora parte de America Online) y desea investigar de empresas relacionadas, a mano derecha de la pantalla presione la opción "What´s Related." Si utiliza Internet Explorer de Microsoft, diríjase primero a www.alexa.com, la cual ofrece un programa con una utilidad similar para Explorer. Otro sistema recientemente introducido es www.flyswat.com que automáticamente resalta enlaces a sitios relacionados al texto en la página *web*.

Segundo Capítulo

Cuantificando el Valor del Dinero

La Tasa Esperada de Retorno

Temas a tratar en este capítulo:

- *Valorando el costo de oportunidad*
- *Cuantificando el crecimiento anualizado de nuestra inversión*
- *Cuantificando la tasa de retorno que esperamos de acuerdo al riesgo asumido*
- *Aplicando el modelo de precios de activos de capitales (CAPM)*
- *Variaciones al modelo de precios de activos de capitales*

Cuantificando el Valor del Dinero

Asumamos que a los 30 años, usted se decide a contribuir con tan solo $1,000 anuales (unos $80.00 al mes) a su cartera de inversión. Si efectivamente, al cabo de 35 años, es decir a sus 65 años, esta cartera se ha apreciado un 11% anualizado, gracias a la capitalización de su inversión, los $35,000 invertidos durante el período, valdrían poco más de $300,000.00. Ahora, si opta por tomar un mayor riesgo, e invierte en un fondo o en acciones de las llamadas empresas en crecimiento, estos $35,000, a una tasa de crecimiento del 12%, fácilmente llegarían a casi medio millón de dólares. Para ser más exactos, $483,463.00. Si contempla financiar su retiro, a menor tasa de retorno, mayor deberá ser la contribución al nido. Si comienza a invertir a los 22 años y efectúa aportes anuales de $2,000 ($166.67 mensuales) y a los 30 años, decide no invertir más, su aporte total al mercado se convertiría en $840,000 cuando cumpla 65 años, basándonos en una tasa anualiza del 10%. Pero si opta por esperar que pasen unos cuantos años porque el mercado "esta muy alto," y no comienza sino hasta llegar a los 33 años, (efectuando los mismos aportes anuales hasta cumplir 65 años), su inversión a una tasa similar, se convertirán en $489,000. El costo de oportunidad es de $351,000... ¡*Ouch*!

Literalmente, la expresión el "tiempo vale" tiene un significado que podemos cuantificar aritméticamente. Esto lo definimos como el *valor del dinero en el tiempo* y con dicha expresión, nos referimos al costo que tiene diferido una inversión en el presente, con tal de obtener un retorno que nos compense lo suficiente por dejar de aprovechar la gratificación instantánea. ¡Dicho retorno en el futuro debe ser lo suficientemente atractivo como para dejar de pasar la oportunidad de, digamos, tomar unas vacaciones para saludar a Mickey Mouse!

Asumamos que tiene $5,000.00. Tiene dos opciones. Irse a www.travelocity.com o www.priceline.com para comprar o negociar su tiquete a Orlando, o confiar su dinero a la simpática oficial del banco por unos tres años. Usted puede diferir sus vacaciones hoy con tal de disfrutarlas en un futuro y quizás, con más dinero para gastar en ellas. ¿Valdría la pena? Digamos, además, que el costo de un viaje a Walt Disney pudiera incrementar en un 3% anual, en los próximos tres años. Para cuantificar dicho costo de oportunidad, utilizamos entonces las conocidas fórmulas de valor presente y valor futuro de la inversión.

Valor del dinero en el tiempo anualizado

1. Valor presente   = Valor futuro / $(1 + tasa)^{tiempo}$
2. Valor futuro   = Valor presente × $(1 + tasa)^{tiempo}$

El valor presente de la inversión es el monto que tiene a su disposición en este momento, es decir los $5,000.00. El valor futuro, es lo que, espera que cueste el viaje (si espero a hacerlo en tres años) u obtendría del banco (si efectúo el depósito, en tres años). Esto es lo que vamos a resolver. Tomemos el rendimiento ofrecido en el caso del depósito y lo comparamos con la tasa de apreciación estimado del costo de las vacaciones. La variable del tiempo, se explica por sí sola.

Cuando utilizamos la fórmula de valor futuro, aquel componente en donde se incorpora la tasa, le llamamos el factor multiplicador. Éste es el factor que nos ayudará a determinar de forma anualizada cuánto valdría la inversión en el futuro si permitimos que se capitalice la inversión original.

Valor futuro del depósito   = $5,000 $(1 + 0.06)^3$ = $5,955.08
Valor (costo) de la vacación = $5,000 $(1 + 0.03)^3$ = $5,463.64

Diferencia por dejar de pasar la oportunidad   = $491.44

La pregunta que se hace ahora es: ¿por unos $500.00, valdría la pena dejar de pasar la oportunidad de conocer a Mickey hoy, para esperar unos tres años más? Tenga en mente que en tres años pueden suceder muchas cosas—¡por ejemplo, perder su empleo! ¿Ahora, por $500.00 dejaría de pasar esas esperadas vacaciones por tres años más? ¿Empaca o no?

De vuelta al pasado

¿Pero que pasaría si no esperamos tomar estas vacaciones, sino hasta dentro de tres años? Anuentes a que deberíamos por lo menos tener $5,000 para disfrutarlas de veras, ¿cuánto debería invertir hoy a una tasa del 6% que capitalice la inversión original, para entonces tener $5,000 en tres años? Esto es el llamado valor presente y como puede observar arriba, se obtiene despejando la fórmula del valor futuro. En el caso de ésta, el componente del divisor es conocido como el factor de descuento. Aquí aplicamos la tasa esperada de retorno (la tasa de descuento) para entonces despejar cuánto hemos de invertir hoy para lograr nuestro objetivo en el futuro.

¿Cuánto he de invertir hoy? = $5,000 / (1.06)^3 = $4,198.15

Una observación que debemos tener en cuenta es que a mayor tasa de descuento, menor será el valor presente de la inversión. Haga la prueba. ¿Cuánto debería guardar hoy si la tasa esperada de retorno en tres años es del 20% en vez del 6%?

Hasta el momento, hemos calculado en términos absolutos cuánto deberíamos invertir o cuánto esperaríamos recibir en cierto período en términos absolutos. ¿Pero cómo hacemos para determinar aquel retorno anualizado, o la llamada tasa interna de retorno en términos porcentuales, basados en el concepto del valor del tiempo del dinero? ¿Cómo haríamos para determinar aquella tasa de descuento?

Asumamos que hace siete años (período de tenencia) que usted compró acciones de XYZ a $10.00. Las acciones se han apreciado a $22.00, y en el transcurso del período recibió $4.00 en dividendos. Ahora, usted decide vender las acciones para realizar el retorno sobre la inversión.

En términos absolutos: Retorno sobre la inversión (%)
                                         (Dividendo + Ganancia) / Precio de compra

Precio de venta: $22.00
Precio de compra: $10.00 $4.00 + ($22.00 – $10.00) / $10.00
Dividendos: $4.00 $4.00 + $12.00 / $10.00

Ganancia   Porcentual   Anualizada
$4.00 + ($12.00) = $16.00 60.00%   ($26.00 / $10.00)$^{(1/7)}$ – 1= 14.63%

Note que utilizamos la fórmula, para obtener un retorno compuesto (#5 en la tabla de abajo). Es decir, $10.00 invertidos hace siete años, crecieron a $26.00 a una tasa compuesta del 14.63%.

Retorno total sobre el período de tenencia de la inversión: (Tasa de crecimiento)

1. Retorno = Dividendo + (Valor final – Valor inicial) / Valor inicial
2. Retorno total = (Dividendo + Ganancia) / Valor inicial
3. Retorno total = Rendimiento por dividendo + Apreciación de la inversión (%)
4. Retorno = (Valor final / Valor inicial) – 1[*]
5. Períodos mayor de un año = ((Valor final / Valor inicial)$^{(1/\text{período})}$) – 1[*]

[*] Estas fórmulas también las utilizamos para calcular el crecimiento o cambio porcentual.

Del ejemplo anterior, podemos confirmar el resultado obtenido de una inversión de $10.00 efectuada hace siete años y cuya tasa de crecimiento anual se ha capitalizado a un 14.63%. El resultado debe darnos $26.00.

Valor futuro = $10.00 × $(1 + 0.1463)^7$ = $10.00 × (2.60) = $26.00

La fórmula de retorno anualizado (4 y 5) podemos utilizarla de igual forma, para obtener la tasa de crecimiento anualizado de una empresa.

Tomemos las ventas (en miles de $) de Home Depot, como ejemplo en los últimos cuatro años terminados a 1999.

1995	1996	1997	1998	1999	Crecimiento
12,476	15,470	19,535	24,155	30,219	1995–1999
	24.00%	26.28%	23.65%	25.10%	24.75%

Fuente: www.10kwizard.com

A través de este texto, estaremos utilizando la fórmula de la tasa de crecimiento compuesto (promedio geométrico). Si, por ejemplo, se hace referencia a que las utilidades de una empresa han crecido un 10% anual y se espera que éstas mantengan una tasa de crecimiento del 25% anualizado, ya sabrá que estamos implicando una tasa compuesta y para estimar las utilidades de la empresa, se han de utilizar las fórmulas de valor presente y valor futuro.

La Tasa Esperada de Retorno

La tasa requerida para ceder fondos que de otra manera hubiese podido colocar en otro tipo de instrumento financiero más seguro, es la llamada tasa esperada de retorno. En la fórmula de valor presente, nos referimos a ésta como la llamada tasa de descuento. ¿Recuerda? Ésta es la tasa requerida de retorno por los inversionistas, para ser compensados por efectuar la inversión en dichas acciones, dejando pasar la oportunidad de invertir en otros instrumentos, sean éstos de rendimiento fijo o variable. *¿Empaco o no?* Es la que utilizamos anteriormente para determinar cuánto deberíamos guardar hoy para efectuar aquel viaje a Walt Disney en el futuro o si valía la pena o no postergarlo.

En el caso de instrumentos financieros, esta tasa debe ser lo suficientemente atractiva para compensar el riesgo de perder la inversión original o la incertidumbre de que el retorno sobre ésta, no esté garantizado. Hoy, como veremos más adelante, tenemos diversos métodos para cuantificar dicho riesgo.

Los movimientos que se dan en el mercado son una función de lo que perciben los participantes. Será el impacto que eventos en el presente tendrán sobre el ambiente operativo futuro de las empresas, con tal de proveer por la creación de riqueza de sus accionistas, sea mediante la generación y/o distribución de utilidades en el caso de las acciones, y el pago de cupones en el caso de bonos. En el caso de un instrumento de rendimiento fijo, este flujo, es decir su cupón, se establece de antemano y, por ende, se considera más seguro que en el caso de acciones en donde el flujo de efectivo se debe estimar.

Cuando los participantes perciben un riesgo mayor, obviamente buscarán ser compensados por asumir este riesgo y, por ende, exigirán una mayor tasa de retorno al efectuar cualquier clase de inversión, afectando inmediatamente el valor actual de estos valores o su llamado valor presente. Por otro lado, cuando los inversionistas perciben un menor riesgo en el horizonte, se conformarán con una menor tasa de retorno lo que entonces incrementará el valor de las acciones o la inversión. Como notará, son dos caras que tiene la moneda. Aquella tasa esperada de retorno, (el rendimiento en el caso del inversionista), es para la empresa, su costo de capital o financiamiento accionario, por lo que está en el mejor interés de la empresa de obtener resultados que mantengan satisfechos a sus accionistas y en caso de requerirlo, permitir financiarse o expandirse a costos de capital atractivos.

Es interesante notar que previo a la aplicación de los conceptos modernos desarrollados en la academia de las finanzas corporativas, (*circa* 1950 en adelante como lo son el Modelo de Precios de Activos de Capital, el de Modiglianni y Miller (MM), la Teoría de Arbitraje de Precios, así como el Modelo de Valuación de Opciones de Black Scholes entre otros) magnates como Paul Getty a principios de siglo, dependían más que nada de sus agallas, y sopesaban sus decisiones de ejecutar sus magnos proyectos en base a una lista de ventajas y desventajas. Por cierto, las agallas y el presentimiento continúan influyendo considerablemente la manera en que los inversionistas toman sus decisiones al comprar acciones hasta el día de hoy. Mientras más positivas sean las expectativas de los participantes del mercado accionario en cuanto a la generación de utilidades operativas por parte de una empresa, menor será su costo de capital accionario dado que la tasa exigida de retorno será menor. Es decir, inversionistas estarán dispuestos a recibir una prima menor por el derecho de hacerse partícipes del "brillante" futuro de la empresa. Desafortunadamente, muchos se dejan llevar por las expectativas, olvidando que no todo lo que brilla ... es oro, y como ha venido sucediendo desde que el metal precioso tocó su alta histórica de $800.00 la onza (*circa* 1980), no necesariamente éste, por ser oro, brillará tampoco.

Existen varias maneras de estimar la tasa esperada de retorno de una acción para eventualmente obtener un precio que consideremos justo a pagar por nuestra inversión. Dicha tasa es la que usaremos como nuestra tasa de descuento para encontrar un valor presente, en el caso de acciones, en base a la sumatoria de las utilidades futuras de la entidad. Tenemos la famosa tasa de retorno basada en el llamado Modelo de Precios de Activos de Capitales, la basada en base al rendimiento de las utilidades operativas de la empresa y la más práctica que siempre será la tasa que usted de manera subjetiva coloque al valor.

Ninguna manera ofrece la ruta directa al final del arco iris y el resultado estará sujeto al juicio del inversionista. Para el ya desaparecido Ben Graham, considerado el padre de la escuela del estudio fundamental, la cual busca invertir en acciones con un "margen de seguridad." Una tasa de retorno atractiva es tal si el llamado "rendimiento por utilidades" (ver abajo) se cotiza por encima (por lo menos al doble) al rendimiento de los bonos corporativos con calificación AAA—la clasificación de crédito más alta. Después de todo, como explica Doug Henwood en su controversial libro, *Wall Street*, estos retornos, no son más que suposiciones basadas en la historia, agregaría, extrapoladas al futuro, que como todos sabemos, siempre será incierto hasta que se convierta en el presente. Pero bueno, esto es lo que hace el mercado tan interesante. ¡Tener una bola de cristal lo haría demasiado aburrido!

¡A pulir ese ábaco!

Tasa esperada en base al riesgo accionario

Este método está basado en el modelo desarrollado por Sharpe, Lintner & Black, y es mejor conocido como el Modelo de Precios de Activos de Capitales (*Capital Asset Pricing Model*), fundamentada en la Teoría de Portafolios de Harry Markowitz. No se asuste, porque los nombres suenen lo suficientemente complicados como para haber hecho acreedores al Premio Nobel de economía a éstos. El objetivo de estos modelos es ayudar al inversionista a encontrar la tasa esperada de retorno de una inversión, en base a la volatilidad ... del activo, (¡*oops*! lo asusté; quise decir el sube y baja diario) con lo cual determinará si un valor se encuentra eficientemente cotizado en relación a dicha volatilidad, *vis-a-vis* al mercado. En este caso para obtener aquella tasa esperada de retorno, utilizamos una sencilla ecuación:

Tasa esperada de retorno =
Tasa de riesgo libre + (Beta × Prima accionaria histórica)

Seguramente se preguntará qué es el Beta. Hacia allá vamos. Beta es un coeficiente que se deriva de los retornos históricos de acciones en general (Standard & Poor's 500) sobre algún instrumento de rendimiento más seguro (prima accionaria histórica) o el llamado "riesgo libre" (tasa de riesgo libre) y la relación del exceso de estos retornos, en base a la volatilidad específica de la acción de la empresa *vis-a-vis* al mercado. Mientras mayor sea el Beta, mayor se espera sea la volatilidad de la acción en relación al mercado, y por ende mayor ha de ser el costo de oportunidad exigido por los inversionistas o su tasa esperada de retorno. Esto se basa en la premisa de que dada la opción entre dos valores con la misma volatilidad pero diferentes tasas esperada de retorno, los inversionistas seleccionarán aquella alternativa con la mayor tasa de retorno sin necesidad de asumir mayor riesgo. Esta selección se da ante el riesgo de la variabilidad en el valor de nuestra inversión, a la cual nos estamos exponiendo, debido, por ejemplo, a las notables fluctuaciones—consecuencia de las percepciones del mercado en cuanto al futuro operacional de la empresa.

Si, por ejemplo, las acciones de la empresa XYZ tienen un Beta de 1.50, esto implica que su movimiento en relación al mercado se espera sea un 50% más o menos sobre el nivel esperado de variabilidad del mismo. Esperando a que el Standard & Poor's varíe por un 20% en un año, entonces puede esperar, segun la Beta, que estas acciones, suban o bajen en un 30% (1.50 × 0.20).

Interpretando el Beta

Beta	Que implica
0.0	El riesgo del retorno es independiente del mercado.
1.0	El riesgo del retorno es conmensurado al del mercado.
2.0	El riesgo del retorno es hasta dos veces mayor que el del mercado.

Como se mencionó, la prima histórica en exceso es la diferencia del retorno entre el instrumento con la tasa "de riesgo libre" (como las letras y bonos del tesoro del gobierno Americano a corto y largo plazo -10 años) y el retorno histórico de las acciones sobre éstos. Si las letras del Tesoro Americano a 10 años ofrecen una tasa del 6.00%, y nuestra tasa esperada de retorno es del 12%, la prima de riesgo accionaria ha de ser del 6.00% (12% – 6%). Si vuelve al cuadro que vimos en la introducción del libro que destacaba los retornos anualizados históricos de las acciones y de los bonos a largo plazo, de 1928 a 1998, notará rendimientos del 13.60% y 6.20% respectivamente. La diferencia de 13.60% menos el 6.20%, es decir 7.40% sería nuestra prima de riesgo histórica. Esta prima variará dependiendo de la etapa estudiada del período.

El Profesor Aswath Damodoran (www.stern.nyu.edu/ ~adamo...Home_Page/) resalta como dicha prima ha variado de un 5.29% a un 10.09% durante el período de 1926 a 1998. Pero el sentimiento hacia acciones, ha variado a través del período. En la prima de riesgo accionaria, se ve reflejado el optimismo o pesimismo hacia este medio de acuerdo a la época. Según otro cuadro presentado en el libro, *The Equity Risk Premium* (John Wiley and Sons, 2000), Bradford Cornell destaca del período de enero de 1802 a diciembre de 1925 una prima histórica de 3.40% y del período secular de 1802 hasta diciembre de 1997 de un 4.00%, mientras que de enero de 1990 a diciembre de 1997, dicho diferencial fue de 5.59%.[2]

Cuando dicha prima es mínima (cerca al 3%), esto puede servir como advertencia de que el mercado accionario o una acción en particular está en la zona de peligro, ya que esto es reflejo del optimismo, quizás excesivo, que tienen los inversionistas hacia la inversión en particular. Considerando el ambiente operativo favorable en la que se desenvuelven hoy por hoy y la seguridad financiera dada por su capitalización, puede considerar una prima en exceso de entre el 4.50% al 5.50% como adecuada al evaluar acciones de empresas establecidas. Vale notar que de dar continuidad a dicho ambiente, como bien parecía que venía sucediendo a finales del siglo pasado y a principios de éste, la prima podrá seguir com-

---

2. Cornell utiliza en sus datos, un índice de los rendimientos de bonos a 20 años elaborado por Ibbotson Associates.

primiéndose y por ende, se reflejaría una seguida apreciación en el mercado. Por ejemplo, James Glassman y Kevin Hassett en su libro, *Dow 36,000* (New York, 1999), sugieren que dicha prima ha de ser de cero.

Lo complicado del Modelo de Precios de Activos de Capital (reconocido por sus siglas en inglés CAPM—Capital Asset Pricing Model) es calcular el Beta. Pero esta variable es fácilmente adquirida en los diversos servicios de información financiera que se ofrecen en la Internet, como lo son www.wsrn.com, www.marketguide.com y www.stockwiz.com. Una vez que se obtiene el Beta, es cuestión de resolver la sencilla ecuación presentada previamente.

Por ejemplo, según www.marketguide.com, las acciones de la Oracle tenían un Beta de 1.40 hacia el segundo trimestre del 2000. Por ende, si asumimos una prima de riesgo del 5.50% sobre el rendimiento de los bonos a largo plazo (10 años), que al mismo período se encontraban alrededor del 6.00%, tenemos:

Tasa esperada de retorno =   6.00% + (1.40 × 5.50%)
Tasa esperada de retorno =   13.70%

Esto implica, que dada la volatilidad de las acciones de Oracle en relación al mercado, se espera una tasa esperada de retorno de por lo menos un 13.70% anualizado. Tenga en mente, que esto implica para la empresa su costo de capital accionario. Comparando esta tasa con lo que tuviera que ofrecer en el mercado de instrumentos de deuda esta sopesa, si la alternativa accionaria es lo suficientemente atractiva para obtener capital, en comparación, por ejemplo, a una emisión de bonos, o sencillamente utilizando sus utilidades retenidas. (En este ultimo caso, se ahorra los llamados costos de emisión).

Ahora valdrá la pena hacer un paréntesis relacionado a la prima de riesgo accionaria. Si observa detenidamente la fórmula del CAPM, notará que así como podemos encontrar la tasa esperada de retorno y sopesar el retorno obtenido con otras alternativas de inversión, de igual forma, si tuviéramos esta figura de antemano, podríamos resolver la ecuación del CAPM, para determinar la prima de riesgo accionaria que descuenta el mercado y comparar ésta con el diferencial histórico.

Siguiendo con el ejemplo de las acciones de Oracle, asumamos que al ya tener la tasa esperada de retorno utilizando el precio del mercado como referencia, quisiéramos obtener la prima de riesgo accionaria. Es decir:

Tasa esperada de retorno	= Riesgo libre + (Beta × Prima riesgo)
13.70%	= 6.00% + (1.40 × Prima riesgo accionaria)
13.70% − 6.00%	= 1.40 × Prima de riesgo accionaria
7.70%	= 1.40 × Prima de riesgo accionaria
7.70% / 1.40	= Prima de riesgo accionaria
5.50%	= Prima de riesgo accionaria

Tenemos entonces que:

(Tasa esperada de retorno − Tasa de riesgo libre) / Beta = Prima de riesgo accionaria[3]

De esta forma, podemos determinar si en relación a períodos anteriores o el exceso de retorno que se espera por invertir en la acción, o el mercado de acciones para dichos propósitos, justifica o no asumir el riesgo de inversión dada por la prima en exceso de retorno ofrecida sobre otro instrumento considerado más seguro, e incorporando la volatilidad del valor en base al Beta.

Desafortunadamente, no podemos depender del Beta como fuente única en la búsqueda de ésta llamada tasa esperada de retorno. En 1992, Eugene Famma y Kenneth R. French, dos académicos de renombre, publicaron un controversial artículo en el *Journal of Finance* titulado "The Cross Sections of Expected Stock Returns," poniendo en duda la efectividad de ésta y desatando una ola de respuestas a favor y en contra de su argumento. Luego de comentar acerca de los estudios, artículos y demás disparates en

---

3. Otra forma de despejar la ecuación sería:
$E(r)$ = Riesgo libre + (Beta × Prima)
$(E(r) − \text{Riesgo libre})$ = Beta × Prima
13.70 − 6.00 = 1.40 × Prima
7.70 = 1.40 × Prima
1 / Prima = 7.70 / 1.40
Prima = 5.50 × 1
Prima = 5.50

pro y en contra del modelo, explica Doug Henwood en su libro *Wall Street* (página 168):

> Diferentes períodos, o diferentes acciones, o diferentes medidas de retornos (mensual o anual) producirán resultados exageradamente diferentes. El mensaje es que, mientras más volátil el activo, probablemente mayor el retorno a largo plazo, pero a la relación escapa una cuantificación precisa, del tipo que los economistas convencional anhelan.

No debemos depender únicamente, de uno de los tantos experimentos que puede explotar en la cara de los "científicos" de Wall Street.

¿Porqué entonces mencionar el concepto? Porque es interesante notar que, al aplicarse a la formula del CAPM, se permite tomar en cuenta uno de los principales motivos por el cual los inversionistas lo piensan dos veces antes de invertir en acciones: su volatilidad. Además, como veremos más adelante, en casos este parece dar los resultados esperados al utilizar la tasa esperada de retorno para encontrar ese "valor justo" de la acción.

Sigamos practicando, ahora tenemos:

Tasa esperada en base a la prima por rendimiento de las utilidades

Aquí se relaciona el precio de la acción en el mercado, con las utilidades netas por acción de la empresa utilizando el llamado rendimiento por utilidades (*earnings yield*). Según este modelo, mientras mayor sean las expectativas de generación de utilidades, menor será el costo de capital accionario para la empresa o la Tasa de Retorno que los inversionistas están dispuestos a aceptar como rendimiento por cada dólar de utilidades generado por la compañía. Esto entonces se puede ver reflejado en el diferencial, o la prima, entre el rendimiento de un instrumento seguro como los bonos o letras del gobierno Americano y el rendimiento por utilidades.

Mientras menor el diferencial, que como veremos en el ejemplo puede ser hasta negativo (y peligroso dado que refleja un optimismo demasiado extremo), mayor la complacencia de los inversionistas de asumir riesgos al adquirir acciones de manera subjetiva y especulativa, sin considerar que de cuantificar la tasa de retorno, no se ameritaría comprometer el capital. Esto le ayudará a entender los ajustes que se dan cuando una empresa reporta utilidades por debajo de lo esperado por el mercado. Se ajusta su precio para descontar el riesgo de la empresa que no podrá seguir manteniendo el crecimiento esperado, disminuir su visibilidad operativa, incrementar su volatilidad, y como consecuencia se verá un incremento en el retorno que los inversionistas exigirían por ahora comprometer sus fondos.

En abril del 2000, el precio por acción de Oracle, se cotizaba en $75.00, y ésta, al año fiscal del 2000 se esperaba generaría, $0.63 en utilidades por acción. En este caso su costo de capital específico o nuestro rendimiento por utilidades, según el mercado ha de ser menos del 1%.

Es decir,

$0.63 / $75.00 = 0.84%

Con dicha tasa mínima, efectivamente se ven reflejadas las altas expectativas que tienen los inversionistas en los prospectos de esta empresa. Para entonces obtener la prima en exceso por el rendimiento de utilidades, deducimos el rendimiento de instrumentos seguros como las letras del Gobierno Americano a 10 años, del de las utilidades, que como notará resulta ser negativa. En este caso, entonces tendríamos:

Prima de rentabilidad = Rendimiento por utilidades − Rendimiento riesgo libre
Prima de rentabilidad = 0.84% − 6.00% = -5.16%

De participar en esta acción por los prospectos en la generación de utilidades de la empresa, se corre el riesgo que ante una decepción negativa, inversionistas ajusten sus expectativas hacia abajo, incrementando la prima de riesgo exigida, y por ende el retorno sobre la inversión.

Por otro lado, observe el resultado de la prima de riesgo por utilidades de la General Motors, que aun ante su solvencia financiera, se destaca un riesgo considerable ante la percepción del mercado de su depencia a las altas y bajas de la economía. Es decir, dado que esta es una empresa cíclica, el mercado incorpora una prima en exceso positiva y considerable, ante la eventualidad de que el crecimiento de sus utilidades puedan verse significativamente afectadas en el futuro por un enfriamiento o una recesión económica.

Con utilidades anualizadas al primer trimestre del 2000 en $8.65 y un precio por acción de $89.00, el rendimiento por utilidades de esta acción vendría siendo de un 9.70%, dando como resultado una prima de rentabilidad de:

Prima de rentabilidad = 9.70% – 6.00% = 3.70%.

Solamente considerando la diferencia entre la prima de la primera y de la segunda, ¿qué acción se ve más atractiva como inversión?

Prima por volatilidad, rentabilidad y solvencia

En vista de que el método de CAPM no necesariamente considera el riesgo de solvencia y rentabilidad de la empresa, y el método de la prima por la rentabilidad por acción, no incorpora la volatilidad de una acción vis-a-vis al mercado, podemos compensar la desventaja de uno y otro método, incorporando ambas formas de estimar la tasa esperada de retorno e incluyendo, además, una medida de solvencia de la empresa.

Obviamente, aquella empresa cuya capitalización se da por un alto nivel de deuda en relación a su patrimonio conllevará un mayor riesgo de solvencia en comparación a otra cuya proporción crediticia es mínima o menor. Dado este caso, el inversionista esperaría una tasa de retorno mayor que compense por dicho riesgo. Esta llamada prima de riesgo crediticia la obtenemos del diferencial entre el rendimiento de los bonos corporativos de la empresa comprado con las letras del Tesoro Americano a un período similar. Por ejemplo, si los bonos de una empresa ofrecen un rendimiento a 10 años del 7.00%, y comparamos este rendimiento a las letras del gobierno Americano a 10 años que ofrecen un rendimiento del 6.00%, tenemos que la prima de riesgo crediticia exigida por los inversionistas en este caso es del 1.00% ó 100 puntos *basis*.

Así pues, armando el rompecabezas, tenemos que la nueva fórmula que incorpora los métodos anteriores es:

E(r) = CAPM + (Prima crediticia + Prima rentabilidad)

Utilizando el ejemplo de la Oracle, tomamos aquel 13.70% de retorno esperado de acuerdo al CAPM y le sumamos (aunque dado que éste es negativo en el caso de Oracle, substraemos) una prima por el rendimiento por acción del -5.16%. Ahora, considerando la baja proporción del 8% de deuda a largo plazo sobre el patrimonio (por lo cual el mercado no exigiría una prima crediticia mayor de 100 puntos basis, sobre letras del tesoro al largo plazo), tendríamos:

E(r) = CAPM	Prima crediticia	Prima rentabilidad	E(r)
E(r) = 13.70% +	1.00%+	(-5.16) =	9.54%

Lo cual viene a ser la tasa esperada de retorno mínima anual de acuerdo a nuestro modelo ajustado de retorno.

Sea utilizando la forma cruda del modelo de activos de capitales, el ajustado introducido en este texto, o sencillamente el sentido común, conociendo su temperamento de inversión, usted es el único que está en capacidad de determinar la tasa esperada de retorno adecuada. Lo recomendable es partir de un rendimiento base el sobre el cual añadiría una prima de riesgo con tal que usted sienta le compensa lo suficiente por optar por invertir en acciones u otra alternativa que considere más segura.

Tercer Capítulo

Los Estados Financieros

Temas a tratar en este capítulo:

- *Entendiendo los estados financieros*
- *Razones financieras que aplicamos para analizar fundamentalmente la empresa*
- *El proceso a seguir para efectuar el análisis fundamental*

Los Estados Financieros

¿Compraría una casa sin verla por dentro, verificar su infraestructura o un auto usado sin probarlo o revisar su motor? De la misma manera, si usted compra por comprar, tal como lo hacen en la bolsa ciertos participantes, estaría especulando con dinero y no invirtiendo. ¿Ve la diferencia? Si desea invertir en acciones, debe aprender a conocer la empresa de la cual ha de convertirse en parte dueño o socio. Esto empieza con la lectura de los estados financieros que se incluyen en los reportes anuales y trimestrales de las empresas listadas en la bolsa. En los Estados Unidos, las empresas públicas, es decir, cuyas acciones son cotizadas en el mercado de valores, están obligadas a registrar sus estados verificados de manera anual mediante el llamado 10-K, y los trimestrales no verificados, referidos como los 10-Q. Estos documentos en blanco y negro difieren en formato de los reportes anuales. (Aún así, éstos son incluidos generalmente con el propio reporte anual enviado).

 ¿Ha ojeado uno por mera curiosidad? Generalmente, las empresas buscan impresionar a los inversionistas sacando a relucir brillantes fotografías de sonrientes directores y modernos diseños gráficos, los logros alcanzados durante el año y la labor excepcional de su personal. Quizás la compañía tenga motivo para esto, pero quizás no, tal como lo demuestra el sarcasmo del siguiente párrafo de la carta del Presidente publicada en el Reporte Anual de la Chrysler Corporation, en 1980:[4]

> Durante el año, el efectivo y valores de inversión incrementaron de $409 millones a $523 millones. El capital de trabajo de la compañía, su razón corriente y su proporción de deuda sobre el patrimonio fueron los mejores en cinco años... (*Traducción del autor*).

---

4. Howard M. Schilit, *Financial Shenanigans* (McGraw-Hill, 1993).

¡Irónicamente, no pasó mucho tiempo antes que la Chrysler implorara al Senado Americano para evitar que la empresa se declarara en quiebra! Usted, como accionista, ha de velar, no sólo por el riesgo de solvencia de la empresa, pero más aun, por la capacidad de ésta de obtener un retorno sobre su inversión mediante la generación de utilidades operativas que beneficien su patrimonio.

Un potencial inversionista debe asumir la postura de Sherlock Holmes y rasgar la superficie de los estados financieros para encontrar pistas que ayuden a determinar lo que verdaderamente hay detrás de las caras sonrientes y la carta del director. En este capítulo, aprenderemos a buscar pistas en las principales secciones de interés del Estado Financiero. Éste, además incluye una discusión de las operaciones durante el período de operaciones. Éstas son de suma importancia y es recomendable leer primero antes de proceder con el análisis cuantitativo. En esta discusión, los ejecutivos proveen un análisis cualitativo de los resultados por operaciones que resultan ser bastante interesantes. También, se incluye la Opinión del Auditor. Si bien, general y preferiblemente, esta opinión, no dice más que: "el examen de cuentas se ha hecho en base a las prácticas generales contables aceptadas (GAAP)," una señal de alerta puede ser la llamada opinión "calificada" (*qualified opinion*). En este caso, la casa auditora hará referencia bien a sus dudas del porqué la continuidad de la empresa como una entidad operativa puede verse afectada o bien porqué ésta ha debido dar una opinión calificada. ¡Esto sería suficiente para asustar hasta Drácula en sus tours de media noche! ¡Si quiere ahorrar tiempo, empiece leyendo esta opinión! ¡Si se topa con una opinión calificada, deje el reporte anual como adorno para su mesita de noche o recíclelo! También, se deben de considerar los casos en el que el auditor no se siente en capacidad de dar una opinión por limitaciones presentadas durante su examinación.

La hoja de balance

Enfoquemos nuestra discusión en la hoja de balance. Adjunto a estas secciones, los auditores incluyen las llamadas "Notas a los Estados Financieros" en donde se detallan las políticas contables seguidas al determinar las figuras presentadas.

Hoja de balance	
Activos	**Pasivos y patrimonio**
Activos corrientes	Pasivos corrientes
■ Efectivo y valores negociables	■ Cuentas por pagar
■ Cuentas por cobrar	■ Deuda a corto plazo (< de un año)
■ Inventarios	Deuda a largo plazo
■ Otros activos corrientes	Pasivos no-recurrentes
Inversiones	**Patrimonio de accionistas**
Propiedades, plantas y equipo (tangibles)	■ Acciones preferentes
Activos intangibles	■ Acciones comunes
	■ Utilidades retenidas
	■ Acciones en tesorería
Total de activos es igual a:	Total de pasivos + Patrimonio

Activos: Lo que pertenece a la empresa

Un activo es cualquier recurso que pertenece a la empresa y tiene el potencial de generar un flujo de efectivo bien en el futuro cercano o bien a largo plazo. Existe un orden particular en que se listan los activos y es que estos van del más líquido al menos líquido.
Éstos son clasificados en:

1. *Activos corrientes*: aquellos que pueden convertirse o son efectivos en un período de un año o menos. Tenemos:

> *Efectivo*: Depósitos en la cuenta corriente del banco o dinero que la empresa utiliza diariamente como parte de sus operaciones.
> *Papel comercial o letras del tesoro a corto plazo*: El exceso de efectivo del cual no se prevé una utilización inmediata está invertido en valores de corto plazo, generalmente a

tres meses con tal de por lo menos obtener un retorno sobre este efectivo. Generalmente, estos fondos también están colocados en cuentas *overnight* con instituciones bancarias.

Cuentas por cobrar: El dinero que la empresa espera recibir de clientes a los cuales les ha diferido el pago de sus compras, generalmente a un período menor a 90 días. A este renglón, se le deducen "cuentas malas," las cuales la empresa ha determinado que no podrá cobrar, durante el transcurso del año.

Inventarios: productos o servicios que la empresa mantuvo durante el año para su venta.

2. *Activos fijos*: aquellas pertenencias de la empresa que podrán convertirse en efectivo en un período mayor a un año. Existen dos tipos de activos fijos, a saber:

Tangibles: En este renglón se incluyen inversiones en propiedades, el equipo de transporte, sistemas de procesamientos de datos, etc. A medida que pasa el tiempo, el valor de estos activos va disminuyendo debido a su uso y como resultado, su valor se va deteriorando, o en lingo contable, *depreciando*. Por ende, a los activos tangibles netos, le descuenta el monto de la depreciación acumulada desde la fecha de su adquisición. Esto, por cierto, como veremos más adelante, permite a las empresas reducir sus utilidades para la declaración de impuestos, bajo el marco de la ley.

Intangibles: Dentro de esta categoría incluimos aquellos activos que no son físicos, como es el caso de patentes y registros de marcas, además del llamado "pago sobre adquisición" (*goodwill*). El *goodwill* es la diferencia del valor de libros de una adquisición y lo pagado por la empresa al adquirir otra. Esta prima es la que da valor a esas patentes, registros de marcas y otros activos que físicamente no se pueden valorar. El *goodwill* es muy común en adquisiciones referidas como "método de compra" (*purchase method*), en donde la diferencia entre el valor en libros de la empresa, y lo que se pagó por ésta, va siendo capitalizada contra los ingresos de la empresa que efectúa la adquisición. El otro método utilizado, "unión de intereses" (*pooling of interests*), ambas entidades unen sus activos y siguen operando como si desde un principio, hubiesen sido una sola empresa; por ende, no se requiere registrar dicho cargo sobre la adquisición. (Irnos más allá del mecanismo de estos métodos, estaría fuera del contexto de este libro. Se puede encontrar más información acerca de estos métodos de adquisición en el sitio de la Directiva de la Organización de Contabilidad Financiera (*Financial Accounting Standards Board*), en www.fasb.org).

Al igual que sucede cuando se adquiere un activo tangible al cual depreciamos su costo en un período determinado, el llamado *goodwill* está amortizado. Ambos han de tener un impacto sobre las utilidades netas de la empresa ya que estas entradas contables están consideradas como parte del gasto de operaciones.

Pasivos: Lo que NO le pertenece a la empresa

Del otro lado de la moneda tenemos los pasivos, o sea, los compromisos de la empresa con sus acreedores. Por lo general, los renglones que han de aparecer en esta sección de la hoja de balance son:

1. *Pasivos corrientes:* como en el caso de los activos corrientes, los pasivos corrientes son los compromisos que tiene una empresa en un período menor a un año. Estos incluyen, los salarios del personal, cuentas por pagar, intereses sobre deudas, letras sobe arrendamientos, impuestos por pagar, entre otros y aquella cantidad de deuda en bonos que esté por vencer y/o a repagar durante el año.

2. *Pasivos a largo plazo:* aquellos compromisos financieros que tiene la empresa en un período mayor a un año. Estos incluyen arrendamientos, préstamos bancarios y bonos corporativos.

El patrimonio de la empresa

La diferencia entre el total de activos y el total de pasivos de la empresa representa el valor neto de ésta o el valor que la empresa representa en los libros contables a sus accionistas. El llamado "valor en libros." Esto es:

Patrimonio o valor neto de la empresa = Activos − Pasivos

Si la empresa ha emitido acciones preferentes (ver siguiente discusión), para los tenedores de acciones comunes, el valor neto de la empresa se da por:

Valor neto de la empresa (acciones comunes) =
Patrimonio − Participación acciones preferentes

En la sección del patrimonio de la empresa, entonces se lista:

Tipo de acción:

Preferente: aquellos tenedores de este tipo de acción, tienen prioridad sobre los tenedores de las acciones comunes, en la distribución de utilidades o los llamados dividendos. Por ende, se les llama *acciones preferentes*. Para la empresa, utilizar esta clase de acción puede resultar algo costoso, como forma de captación de capital, puesto que a diferencia del interés pagado en bonos, el dividendo pagado en este caso, no es deducible del impuesto al reportar las utilidades netas.

En su definición clásica, una acción preferente puede verse como un bono, pero con vencimiento indefinido. Éstas, al igual que un bono, pueden cotizarse a una prima o descuento sobre el llamado valor par. Aun así, Alvin D. Hall, aclara en su reciente texto de introducción a las acciones, *Getting Started in Stocks*, que recientemente las empresas que emiten acciones preferentes crean la llamada "provisión de fondos" (*sinking fund provision*) que les permite retirar esta clase de acciones, en períodos de 8 a 10 años luego de haber sido emitidas. Generalmente, éstas pagan un interés fijo sobre su *valor par*.

Otra característica de las acciones preferentes es que se da este valor par en denominaciones de $100.00 y no de $1,000.00, como se da generalmente en el caso de los bonos. En los últimos años, también se ha hecho más común la emisión de acciones preferentes con valores par de $25.00[5] y, en algunos casos, ya hasta sin valor par, donde el dividendo es sencillamente un valor absoluto fijado y no un interés sobre, digamos, un valor par de $100. Así pues, si una acción preferente ofrece un interés del 10% sobre su valor par, sabemos que nos corresponden $10.00 anuales en dividendos. En el segundo caso, sencillamente se declara el pago de un dividendo de $10.00. Se daría nuestro rendimiento por la inversión desembolsada o el precio pagado de aquella acción preferente según el mercado. Por ejemplo, si el precio de la acción en el mercado es de $50.00 y esperamos recibir aquel dividendo de $10.00, el rendimiento sería $10.00 / $50.00, ó 20%.

Aunque esta clase de acciones tienden a ser menos volátiles que las acciones comunes, el precio de una acción preferente (con o sin valor par) en el mercado de valores, dependerá del nivel de intereses de emisiones de rendimiento fijo y de la percepción del inversionista de la capacidad financiera de la empresa que le permita cumplir con el pago de los dividendos. En nuestro ejemplo, si los intereses en instrumentos de rendimiento fijo caen a un 7%, podemos esperar que el precio de la acción preferente se aprecie considerablemente, ya que el interés comparativo de éstas se haría más atractivo y, por ende, aumentaría su demanda. Pero, por otro lado, si se espera que la industria en donde se desenvuelve la empresa, sufra de una recesión de proporciones tales que afecte la capacidad de la empresa de cumplir con el dividendo correspondiente a sus acciones preferentes, el precio de la acción en el mercado podrá verse influido considerablemente.

Existen diversas clases de acciones preferentes, cada una con diversas características. Las más comunes son las llamadas "cumulativas." En el ejemplo anterior, de darse el caso de que la empresa opta por no pagar el dividendo correspondiente al período, este monto ha de acumularse hasta que nuevamente la empresa esté en capacidad de cumplir con este compromiso y los directores den su aprobación. Así pues, el dividendo anual esperado, una vez que se vuelva a autorizar su pago, sería de $20.00 y no de $10.00.

Otras clases comunes de acciones preferentes son:

- *Preferentes redimibles (callable preferred):* como su nombre explica, permiten al emisor recomprar sus acciones preferentes

---

5. Alvin D. Hall, *Getting Started in Stocks* (John Wiley and Sons, 1997)

en circulación, a su valor par o a una ligera prima sobre este valor.

- *Preferentes convertibles (convertible preferred):* permiten al inversionista intercambiar sus acciones preferentes por acciones comunes en base a una proporción de acuerdo al valor par de la acción preferente establecida por el emisor.

También están las llamadas "acciones preferentes ajustables," cuyo interés está ajustado cada cierto período sobre una tasa ofrecida por instrumentos de corto plazo, generalmente letras del Tesoro Americano o una fórmula elaborada por el emisor.

Acciones comunes: Los tenedores de este tipo de acción esperan poder beneficiarse del crecimiento de la empresa a medida que las utilidades netas registren un aumento cumulativo. Esto se puede observar bajo el renglón de Utilidades Retenidas. Los accionistas comunes, son los últimos que se consideran en el pago de dividendos o alguna clase de compensación en caso de disolución de la empresa.

En la sección del patrimonio se lista el monto que obtuvo la empresa al emitir sus acciones por primera vez, es decir, su capital semilla. Aunque éstas se describen como "acciones comunes con (o sin) valor par," hoy día, el valor par no tiene aplicabilidad alguna en el valor de las acciones cotizadas en el mercado y mucho menos su rendimiento.

Quizás algo de historia aclarará la confusión que puede presentarse ante esta aseveración. Debido a la falta de transparencia financiera como la que tenemos hoy hubieron tiempos en donde aún no se habían desarrollado técnicas para determinar el valor fundamental de una empresa. Se utilizaba el valor par en relación al precio de cotización en el mercado para determinar que tan alto o bajo se encontraba el precio de la acción sobre el valor "neto" de las acciones netas de la empresa. Al igual que un bono o una acción preferente, el precio de cotización de la acción común se daba a una prima o a un descuento de su valor par.

Así pues, al referirse a acciones que estaban "sobrevaluadas" los observadores advertían acerca de la burbuja especulativa del esquema del Mar del Sur (*South Sea Bubble*) y en 1,720[6] hablaban de que "el incremento adicional de la acción sobre su verdadero capital, será tan solo imaginario..."

Acciones en tesorería: aquellas acciones que la empresa emitió previamente y las ha comprado de vuelta o está en potestad de ofrecer al público una vez registradas. Estas acciones no tienen derecho a voto ni reclamo sobre el pago de dividendos mientras que se mantengan bajo "tesorería" en la empresa. Están emitidas pero NO en circulación por lo que no tienen un efecto dilutivo en las utilidades por acción. Las empresas generalmente utilizan estas acciones para hacer el pago de dividendos en la forma de acciones, entregar acciones al momento de ejercitarse opciones de compra por parte de inversionistas "privados" o empleados de la misma empresa entre otros.

Acciones en "flote" (*float*): aquellas acciones disponibles para la compra y venta en un mercado de valores. Generalmente en el patrimonio de los accionistas se detalla la cantidad de acciones autorizadas, emitidas y en circulación que incluye la cantidad de acciones en manos de los directores.

La cantidad de acciones en "flote" indica que tan líquida (volátil) puede ser una acción.

La costumbre heredada a través del tiempo de invertir en valores de rendimiento fijo (bonos), ya que estos proveían un ingreso fijo e inmediato sobre la inversión, ocasionó que inversionistas buscaran, erróneamente, empresas cuyas acciones comunes pagaban un dividendo atractivo, sin considerar la variabilidad característica de las acciones y el riesgo.

En 1910, la Comisión Federal de Valores de los Estados Unidos, precursora de la Comisión de Valores y Mercados (Securities and Exchange Commission) advirtió: "Existe una persistente tendencia a ignorar esta distinción, de enfatizar el valor par de una acción, de tratar las acciones en [empresas de] ferrocarriles u otra corporación de servicios públicos como un reclamo por los dólares que ésta representa" [*Nota del autor: al mencionar* "un reclamo por los dólares que la empresa representa," *supongo que se refieran al valor en libros de la empresa*] "en vez de una participación fraccionaria en una entidad más o menos peligrosa en donde inversionistas asumen un riesgo de pérdida o una oportunidad de ganancia..."[7]

---

6. Edward Chancellor, *Devil Take the Hindmost* (Nuevo York, 1999), pág. 69.
7. Ibid., traducción del autor.

Dividendos en efectivo. Un dividendo en efectivo es la distribución de una porción de las utilidades de la empresa a sus accionistas. Una vez que se declara el dividendo por la Junta Directiva de la empresa, se establece una fecha de registro (*record date*). Esta es la fecha en que los accionistas han de estar registrados para beneficiarse del dividendo declarado. Al día siguiente de esta fecha de registro, es común que el precio de la acción caiga por la cantidad del dividendo que se distribuye, en cuyo caso se considera que el precio de la acción se cotiza ex-dividendo. Para obtener el rendimiento por el dividendo pagado sobre el precio de la acción, se utiliza la siguiente ecuación que, como notarán, es bastante sencilla:

Rendimiento por dividendo =
Dividendo anualizado indicativo / Precio de la acción

Si la empresa XYZ paga un dividendo anual de $1.00 y su precio por acción es de $10.00, su rendimiento por dividendo (*dividend yield*) es del 10%. Por lo general, las empresas pagan su dividendo de manera trimestral así que, en este caso, podemos asumir que el pago del dividendo es de $0.25 cada tres meses.

No fue sino hasta 1920, que la Corte Suprema de Justicia de los Estados Unidos, ante el caso *Eisner vs. Macomber*, decretó oficialmente que a diferencia de un bono, el valor par de una acción es puramente simbólico.[8]

El pago de dividendo, también jugaba un papel importante como un vehículo de información. Si una empresa estaba en capacidad de hacer un desembolso de sus utilidades, inversionistas suponían que esto era indicativo de que el negocio andaba bien. Esto no era necesariamente así.

Eran comunes los casos de empresas que emitían acciones con tal de obtener los fondos requeridos para pagar el dividendo, haciendo más fácil a los promotores obtener capital. ¡Con esto, creaban una falsa percepción del verdadero estado de la empresa, en los momentos que los ingresos del negocio no daban para pagar las deudas y mucho menos para pagar el propio dividendo!

Superado el pánico de 1929, ya hacia la década de los años ´50 y ´60, la introducción de regulaciones que promovieran la diseminación de información y estimularan la transparencia en los mercados de acciones de una manera más efectiva, permitió el aná-

8. Jonathan Barron Baskin y Paul J. Miranti, Jr., *A History of Corporate Finance* (Cambridge University Press, 1997).

lisis de acciones en base al potencial de crecimiento del dividendo, considerado hasta ese entonces como un factor importante en el retorno esperado de la inversión en acciones. Hoy, vemos que esta tendencia toma un giro hacia el potencial de la empresa en generar una tasa de crecimiento en sus utilidades operativas o su flujo de efectivo operativo y, por ende, el rendimiento exigido por el dividendo se opaca por inversiones en empresas cuya apreciación se da por el crecimiento en estas dos últimas variables. Las empresas parecen comprender la señal de los inversionistas. Según *The Wall Street Journal*,[9] en 1997, por primera vez desde 1990, "hubieron menos compañías que incrementaron sus dividendos en comparación al año anterior." Continúa el artículo, "la tasa de crecimiento disminuyó a un 4% en comparación a un incremento del 8% en 1996." Es más, la proporción en dividendos pagada de las utilidades se redujo a un 37%, "el nivel más bajo desde que se mantienen un récord de esta cifra," explica el artículo.

El papel que jugaba el dividendo como un mecanismo de "transmisión" de información ha sido opacado por el avance geométrico de tecnologías que nos permiten obtener el estado financiero de una empresa; y nos mantienen al tanto de eventos que de una manera u otra pueden afectar sus operaciones prácticamente al instante. Dado que vivimos en un mundo altamente competitivo, está en el mejor interés de la directiva que ésta retenga sus utilidades para autofinanciarse y mantener al día su estructura tecnológica en busca de una mayor productividad antes que descapitalizarse mediante la distribución de dividendos y tener que obtener aquellos fondos de fuentes externas, lo cual puede aumentar sus costos de capital u operaciones, afectando sus utilidades y competitividad en el mercado global. Por otro lado, vale destacar que los dividendos juegan un complemento considerable en la apreciación del capital invertido en acciones al largo plazo. Esta observación pudiese verse reflejada si el Promedio Industrial del Dow Jones fuese reportado con la inclusión de la reinversión de dividendos y no únicamente de acuerdo a la variación absoluta de sus componentes. De acuerdo a un estudio efectuado por Roger Clark y Meir Statman en 1999 y resaltado por Hersh Shefrin en su

---

9. Robert O´Brien, "Fewer Firms Raise Dividends Even as Profits Skyrocket," *The Wall Street Journal* (20 de enero, 1997).

libro, *Beyond Greed and Fear* (Harvard Business Press, 2000), dicho indicador hubiese terminado 1998 en 652,230 puntos, ¡comparado con el cierre reportado aquel año de 9,181.43 puntos!

La capitalización de la empresa

La capitalización de una empresa es su estructura financiera, es decir, aquel dinero que se ha sido invertido en ésta, incluyendo la participación accionaria detallada en el patrimonio de la empresa, y el de los acreedores tales como la deuda a corto y a largo plazo.

Nótese que en este caso, la capitalización en libros de una empresa difiere de la llamada capitalización del mercado que nos ayuda a determinar el tamaño de la empresa dado por la cantidad de acciones en circulación y los bonos emitidos que se cotizan en el mercado y su precio. La capitalización del mercado accionario se calcula multiplicando la cantidad de acciones en circulación por el precio de la acción, mientras que el de los bonos, multiplicando su principal emitido, también por precio del valor cotizado. Es decir:

Capitalización del mercado accionario =
Precio × Cantidad de acciones emitidas

Capitalización del mercado deuda = Valor bono × Principal emitido

Existen tres maneras en que una empresa puede adquirir fondos para sus operaciones:

1. Adquiriendo obligaciones financieras: Esto ocurre mediante la emisión de bonos o la adquisición de préstamos bancarios. Ambos afectan el flujo de efectivo de la empresa, ya que ésta se ha comprometido a pagar un interés sobre los fondos obtenidos de manera periódica. Eventualmente, la empresa tendrá que pagar el principal a los inversionistas al vencimiento estipulado en los términos del compromiso.

2. Ofreciendo acciones de la empresa al público: Esto ocurre mediante la emisión de acciones en una oferta pública inicial primaria (cuando se listan las acciones por primera vez en la bolsa) o mediante una oferta pública secundaria (cuando se emiten más acciones) con la empresa ya listada en bolsa y sus acciones ya cotizadas por el público. A menos que la empresa opte por pagar algún tipo de dividendo en efectivo, la ventaja de este método está en que el flujo de efectivo no se verá afectado. Si la empresa está registrando pérdidas, pero sus acciones gozan de una alta demanda dada por las expectativas optimistas de los participantes (por ejemplo las acciones de empresas de Internet a finales de los '90), para ella, esto es "dinero gratis" como las cuentas corrientes para los bancos que no pagan interés sobre éstas...). Además, el pago del dividendo determina la directiva de la empresa, por lo que a diferencia de los compromisos financieros con acreedores, ésta no está obligada a hacer el respectivo pago. La empresa tampoco está comprometida a regresar el principal invertido por los accionistas. Éstos, por lo general, hacen una inversión en el *presente*, con tal de obtener un *retorno sobre la inversión, no garantizado*, en base al pago de dividendos y el crecimiento de las utilidades de la empresa que permita vender las acciones preferiblemente a un precio mayor al pagado originalmente.

3. *Retención de utilidades*: La rentabilidad permite a la empresa auto-financiarse sin necesidad de adquirir mayores obligaciones financieras (deuda, préstamos bancarios) o diluir las utilidades de los accionistas, en caso de que se emitan nuevas acciones para obtener capital. De los fondos generados internamente, la empresa ha de sostener su crecimiento. De las tres alternativas, ésta es la preferible.

La capitalización en los libros de una empresa entonces se da por:
Deuda total + Patrimonio de accionistas
(*Nota: Algunos analistas sólo incluyen la deuda a largo plazo.*)

Esta estructura financiera, permite a la empresa efectuar inversiones que han de dar en retorno, operaciones con márgenes rentables. Pero esto tiene un costo el llamado costo de capital. Para que las inversiones de una empresa sean rentables y, por ende, genere una rentabilidad positiva para los accionistas, ésta ha de obtener una tasa de retorno por sus operaciones superior al costo del capital de su capitalización total. ¡Es interesante notar que durante el pandemonio asiático de 1997, se dió a conocer que uno de los conglomerados metalúrgicos que formaba parte de los llamados Chaebol de Corea (empresas familiares que mantienen controles entrelazados con otras empresas y que gracias a su influencia política, les permitía obtener fondos subvencionados por el Estado), adquiría fondos a un costo de capital del 10% para expansiones cuyas proyecciones de retorno del capital era de un miserable 2%![10]

Dependiendo del *costo de capital específico*, (esto es, tomando en cuenta el costo de oportunidad de seleccionar entre emitir acciones o deuda), la empresa decide que tanto utilizar un mercado o el otro para obtener fondos externos y poner a producir estos. De allí, entonces, se busca una mezcla conocida como *el costo de capital combinado*. El cálculo de este costo de capital combinado permite a empresas decidir con que porcentaje de deuda y patrimonio sobre su capitalización total eligen trabajar.

Fecha	Cantidad	Valor del mercado (Precio × Cantidad)
Diciembre 1986	100 acciones	$4,800.00
Agosto 1987	2:1 Split/ 200	
Abril 1990	2:1 Split/ 400	
Junio 1991	3:2 Split/ 600	
Junio 1992	3:2 Split/ 900	
Mayo 1994	2:1 Split/ 1800	
Diciembre 1996	2:1 Split/ 3600	$270,000.00

1. 100 acciones a $48.00 = $4,800.00
2. 3,600 acciones a US$75.00 = $270,000.00

Fuente: Aldin D. Hall, *Getting Started in Stocks* (John Wiley and Sons, 1997).

El *Split* de acciones

Un *split* se da cuando una empresa opta por aumentar la cantidad de acciones autorizadas emitidas pero sin afectar el valor de la empresa. La mejor manera de explicar esto es dando un ejemplo. Digamos que la empresa XYZ tiene 1,000,000 de acciones emitidas y en circulación, registradas a un valor par de $1.00 por acción. Estas acciones se cotizan en el mercado por $100.00 lo que ha hecho algo prohibitiva la compra de una cantidad significativa

---

10.Jim Jubak, "Asian Clouds? Try a Typhoon," *Microsoft Investor* (16 de diciembre, 1997).

para el inversionista común. Ahora la empresa declara un *split* de 2:1. En términos contables, la empresa ahora tendrá 2,000,000 de acciones emitidas y en circulación (cuyo valor par según los libros ahora será de $0.50 y no de un $1.00), aumentando así la cantidad de acciones emitidas. Aquel inversionista que tiene 100 acciones de XYZ a $100.00 antes del *split* ahora se le otorgan otras 100 acciones de XYZ mientras que el precio de éstas se divide en dos a $50.00 una vez hecho efectivo el *split* que en este caso, es de una proporción de 2:1. Note que ahora el inversionista tendrá 200 acciones a un precio de $50.00 que es lo mismo que 100 acciones a $100.00.

Los *splits* pueden darse en diversas proporciones como de 3:1, 3:2, 4:1, etc. Digamos que una empresa cuyas acciones se cotizan a $75.00 declara un *split* a razón de 3:2. Si usted tuviese 100 acciones de esta empresa, una vez que se efectúa la distribución, su inversión sería valorada de la siguiente manera:

Antes del *split*:

100 acciones @ $75.00 = $7,500.00

Efecto del *split*, dado a razón de 3 acciones por cada 2 (3:2)

Cantidad	Split
100 acciones × (3 / 2)	$75 / (3 / 2)
100 acciones × 1.5	$75 / 1.5

150 acciones @ $50.00 = $7,500.00

Como notará, no hay efecto sobre el valor de su inversión luego del ajuste de precio ocasionado por el *split*. Un *split* tiene un efecto sicológico. A un menor precio, la acción se hará más atractiva a inversionistas quienes esperan que la acción vuelva a aumentar al precio en la que se cotizaba previo al *split*. Pero tenga en mente que en este caso, esto representaría una nueva alta. Por ejemplo, si la acción de nuestro ejemplo efectivamente vuelve a subir a $100.00, sería lo mismo decir que éstas, previo al *split* de 2:1, aumentaron a $200.00. Como puede observar en el cuadro de aquel inversionista que invirtió $4,800.00 en acciones de la Microsoft en diciembre de 1986 (100 acciones a $48.00), el efecto al largo plazo de un *split*, es bastante atractivo ya que permite acumular más de estas acciones sin costo alguno y, por ende, aumentará su ganancia de capital si éstas efectivamente mantienen su tendencia alcista. ¡Diez años después y seis *splits* más tarde, ésta inversión tenía un valor de $270,000.00!

Una variación al *split* común o positivo es el llamado *split* negativo o reverso. En este caso, la empresa disminuye la cantidad de acciones en circulación sin tener que recomprarlas (lo que no necesariamente beneficia al inversionista). Por ejemplo, si una empresa cuya acción se cotiza en $5.00 declara un *split* inverso de 1:3, ahora sus acciones se cotizarán en $15.00. Pero aquel inversionista que tenía 300 acciones a $5.00, ahora se quedará con tan solo 100 acciones a $15.00. El valor de su inversión, como notará, no ha variado. Esta situación se da, por lo general, bien en empresas que corren el riesgo de que las saquen de la lista de la bolsa la cual exige un precio mínimo de cotización de ciertas acciones o bien para llamar la atención a inversionistas institucionales que están limitados a invertir en acciones cuyo precio ha de ser mayor de cierto nivel.

El estado de ingresos

El estado de ingresos nos dice cuanto ha ganado o perdido la empresa durante el período de operaciones, una vez deducidos el costo de sus operaciones e impuestos.

¿Donde obtener los estados financieros?

En la Internet, puede dirigir su Explorer o Navigator a la página de la misma empresa cuya dirección generalmente es el nombre de ésta o su símbolo bursátil. Por ejemplo, la dirección de Cisco Systems es www.cisco.com. Esta información también la puede encontrar en el sitio del Securities and Exchange Commission en www.sec.gov. Pero los mejores para facilitar el análisis son www.freedgar.com y www.10Kwizard.com. El primero requiere que baje un *macro* para su Excel que le permite importar directamente los Estados Financieros de la empresa a su hoja de cálculo. Con el segundo, esto no es necesario.

Tenemos entonces:

1. *Ventas netas*: Cantidad de dinero que la empresa obtuvo durante el transcurso del período de sus operaciones gracias a las ventas de sus productos o servicios una vez descontados el costo de ventas. De esta cifra se han deducido descuentos y retornos de mercancía.

2. *Costo de ventas*: Indica cuanto costó a la empresa su inventario o fabricar los productos o servicios para su venta. Deduciendo este costo de ventas de las ventas netas, obtenemos la "ganancia bruta."

3. *Gastos administrativos y de operaciones*: Éstos son los desembolsos que hace la empresa en el transcurso del año como parte de sus operaciones.

Aunque no siempre se especifica, bajo este rubro además se incluye la llamada "depreciación" la cual merece una detallada discusión:

Leyes fiscales permiten a empresas recuperar los desembolsos hechos al efectuar inversiones deduciendo de sus ingresos (en el caso de activos tangibles—la llamada depreciación y en el caso de activos intangibles, como es el pago en exceso del llamado "derecho a llave," o *goodwill*, mediante la llamada amortización). Ambos casos permiten a la empresa ahorrar en el pago de impuestos ya que al ser considerados como un costo de operación, reducen las utilidades de la empresa.

Como notará, el objetivo de la depreciación es el de estimular a empresas a que tomen ventaja de este beneficio para mantener al día sus inversiones de capital. El objetivo de las inversiones es el de generar utilidades en el futuro y evitar operar con equipo obsoleto. Sin embargo, nótese que la cantidad total invertida no se carga inmediatamente contra las utilidades. El impacto negativo sobre éstas está diferido durante un período de tiempo, y por ende se puede subsanar el impacto del costo de la inversión sobre el precio de la acción.

Interesantemente, lo que la depreciación de inversiones de capital, ha sido para empresas de bloques y concreto engendradas por la Era Industrial, lo es ahora la inversión en Desarrollo e Investigación para las empresas engendradas por la Era Informática (cuya infraestructura operativa está basada, no en una línea de ensamblaje, sino en el intelecto humano y equipo de alta tecnología). Este interesante punto lo resalta Michael Murphy en su libro, *Every Investor´s Guide to High Tech Stocks and Mutual Funds*, quien explica que cuando él era analista en Wall Street, estas empresas, al igual que en el caso de la depreciación, capitalizaban la inversión en Desarrollo e Investigación en vez de cargarlas de una vez directamente contra los ingresos. Esto, al igual que la depreciación, tenía un impacto más sutil sobre el resultado de las operaciones netas. Anota Murphy, sin embargo, "desafortunadamente, hacia finales de 1960, algunos administradores eran demasiado agresivos capitalizando cualquier cosa que fuera lo más remotamente considerado Desarrollo e Investigación, con tal de inflar las utilidades corrientes."[11] En otros casos, continúa el libro, "se iba ajustando cada trimestre con tal de dar una impresión que las utilidades mantenían un crecimiento consistente." En aquel entonces, el predominio en desarrollo e investigación tecnológica de punta de las empresas Americanas no era tan influyente en la economía industrial como lo es hoy en la economía de la informática. Por ende, el relajo de manipular la capitalización de inversiones en Desarrollo e Investigación lo detuvo el Financial Accounting Standards Board (FASB). Se formó esta entidad, independiente y autorregulada, en 1973 con el objetivo de salvaguardar el marco regulatorio de los principios contables generales (*General Accepted Accounting Principles*) que utilizan las empresas en los Estados Unidos para elaborar sus Estados Financieros.

Como legado, hoy día, se cargan estas inversiones en Desarrollo e Investigación, inmediatamente contra los ingresos y, por ende, el impacto negativo a las utilidades netas de la empresa de tal magnitud que puede afectar el precio de sus acciones y, por ende, su capacidad de obtener capital en los mercados de valores. Murphy argumenta en contra de esta norma que, irónicamente, afecta a empresas a la vanguardia de nuevas tecnologías, desviando el capital a aquellas que aún operan bajo la vieja economía señalando que "los flujos de capital en la economía no se balancean adecuadamente."[12]

---

11. Michael Murphy, *Every Investor´s Guide to High Tech Stocks and Mutual Funds* (Broadway Books, 1997).
12. Ibid.

4. *Ingresos operativos antes de impuestos (utilidad operativa):* Seguido a este renglón, de darse el caso, se agregarían "otros ingresos/(egresos)" extraordinarios tales como la venta de algún bien o el pago de intereses adelantados por o sobre bonos (lo que los hace deducible de impuestos).

5. *Impuestos sobre la renta:* La contribución de la empresa a las arcas del Estado, que, dependiendo del país, será utilizado para inversiones sociales, ¡o cumplir con las deudas de acreedores extranjeros!

6. *Utilidades netas:* Una vez deducida la contribución a las arcas del estado, quedan las utilidades netas de la empresa. De éstas, se han de obtener los dividendos para pagar a los accionistas preferentes de la empresa (si se decide así). Lo que quede, finalmente es re-invertido en la empresa o distribuido parcialmente (de igual manera como un dividendo) a los accionistas comunes.

Vale notar que el hecho de que el Estado de Ingresos se reporta por las empresas en un formato requerido por regulaciones contables, al efectuar nuestros análisis, es conveniente ajustar el formato de forma que podamos determinar el estado de crecimiento de la empresa convenientemente. El tipo de análisis en donde se compara un año con otro, se conoce como "análisis horizontal." Éste nos permite detectar los cambios de las tendencias en los principales rubros que influyen sobre las operaciones de la empresa. Vale anotar, que este análisis horizontal es aplicable de igual manera, en las otras secciones del Estado Financiero.

Es importante determinar el cambio porcentual en: las ventas netas, utilidades operativas (es decir, las utilidades antes de intereses, impuestos, depreciación y amortización), las utilidades netas, así como los márgenes de ganancia netos y operativos (más de esto adelante), para así observar si la tendencia es positiva o negativa y cómo se compara ésta a los resultados históricos. Las utilidades operativas se conocen también como EBITDA (siglas en inglés de *Earnings Before Interest Taxes, Depreciation and Amortization*).

El estado del flujo de efectivo

Aunque hemos dejado esta sección de último, esto no es motivo para menospreciar su importancia. Por el contrario, debido a que el resultado de las utilidades de una empresa puede prestarse a juegos contables algo creativos, es de suma importancia hacer referencia al estado de flujo de efectivo de la empresa para determinar la "calidad" de las ganancias de la entidad. Tenga en mente que las normas contables permiten a una empresa registrar ventas aún cuando no se ha enviado el producto o no se ha recibido el pago correspondiente. Sin embargo, una empresa para poder mantenerse al día con sus inversiones y compromisos con acreedores requiere de un flujo de efectivo "real." ¿Qué tan efectivamente utiliza este flujo de efectivo la empresa? Esto lo contesta esta sección del Estado Financiero.

En el estado de flujo de efectivo, se clasifican los ingresos y egresos del efectivo de la empresa bajo las tres secciones que detallan las respectivas actividades:

A. *Actividades por operación*: Relacionadas con la venta de los productos o servicios que ofrece la empresa. *Éste es el efectivo que se genera o se consume el negocio básico de la compañía.*

B. *Actividades por inversión*: Relacionadas con la utilización de capital en inversiones. Por ejemplo, maquinaria, sistemas de cómputo, etc. En esta sección también se detallan los fondos utilizados u obtenidos por la adquisición o venta de valores de otras empresas.

C. *Actividades de financiamiento*: Aquí se detalla el flujo relacionado con la emisión o recompra de acciones, el pago de dividendos, intereses, préstamos e instrumentos de deuda.

Lo más importante, como accionistas, es determinar la capacidad de la empresa de generar un flujo de efectivo por las operaciones de éstas—el "flujo de efectivo por operaciones" y lo que queda una vez que se ha cumplido con los gastos de inversiones (el llamado "flujo de efectivo libre"). En el primer caso, éste generalmente se ajusta agregando la depreciación y/o amortización "de vuelta" a las utilidades, puesto que éstos son cargos contables que no representan un desembolso de efectivo de la empresa. Como se argumentó anteriormente, puesto que la depreciación tiene su mayor influencia sobre aquellas empresas cuya infraestructura operativa data de finales del siglo XIX, las cuales requieren de fuertes inversiones en sus plantas, Michael Murphy sugiere en su libro que en el caso de empresas de alta tecnología, hemos de utilizar la inversión en Desarrollo e Investigación y "agregarla" a las utilidades netas reportadas de la empresa. Esto es así excepto por las empresas fabricantes de semiconductores las cuales declaran una depreciación mínima.[13] Por ende, su capacidad de generar eventualmente "utilidades reales," puede estar menospreciada. Algunos analistas utilizan el flujo de efectivo por operaciones, como la figura representativa del poder de ingreso "puro" de la empresa. Esta figura puede ser más importante que las mismas utilidades netas reportadas al final del Estado de Ingresos.

Puede suceder que la empresa reporte utilidades netas positivas pero si el flujo de efectivo por operaciones es negativo o éste sigue una tendencia hacia la baja en su crecimiento, esto puede ser una señal que se afecta el negocio "puro" de la empresa. El efectivo que se deben de generar sus ventas, *se lo lleva el viento*. Realmente, lo que ocurre en un caso así es que la empresa está fallando en la administración de sus cuentas por cobrar. De igual manera, puede ser que la empresa reporta utilidades netas mínimas o inclusive pérdidas aprovechando las deducciones fiscales permitidas como la depreciación y amortización del *goodwill*, pero mantiene un flujo de efectivo operativo positivo cuya situación, entonces, no se vería tan grave. Esto explica porqué las acciones de algunas empresas mantienen una tendencia positiva, aún cuando reportan pérdidas en sus utilidades.

Podemos determinar la calidad de las utilidades de la empresa dividiendo el flujo de efectivo operativo reportado entre las utilidades netas (es decir, flujo de efectivo por operaciones/utilidades netas). Esta prueba, por lo general, se aplica a las empresas cuyas ventas, cuentas por cobrar e inventarios, no fluctúan significativamente de un período a otro. Una buena señal es cuando el flujo de efectivo por operaciones reportado es mayor a las utilidades netas de la empresa. Puede además haber excepciones. Esto se da, en el caso de empresas emergentes, que deben incurrir en altos costos en el desarrollo de sus productos (por ende, consideradas como más arriesgadas). Lo importante en este caso, entonces, es que la relación no se esté deteriorando. Utilizar este indicador

---

13. Michael Murphy, *Every Investor´s Guide to High Tech Stocks and Mutual Funds*, (Broadway Books, 1997), pág. 277-278.

junto a las razones de solvencia que veremos más adelante, nos pueden servir para alertarnos de la presencia de "moros bastante peligrosos" en la costa. *Un persistente flujo de efectivo por operaciones negativo puede llevar a la quiebra a una empresa, ya que ésta no tendrá la capacidad de actualizar su base productiva y mucho menos cumplir con sus obligaciones financieras, lo que le hará más difícil obtener capital con tal de seguir operando. De igual manera, aunque la situación de un flujo de efectivo operativo negativo es normal en empresas emergentes de tecnología, tarde o temprano, su inversión en desarrollo e investigación, deberá dar resultados. De lo contrario, aquellos inversionistas que han asumido el riesgo se cansarán de esperar y le cerrarán la llave de acceso al flujo de capital.* Tal fue la situación a principios del año 2000 cuando un sinnúmero de empresas dedicadas al comercio electrónico a nivel del consumidor como CDNow.com, Peapod.com, VitaminShoppe.com, Beyond.com, PlanetRX.com, Cybershop.com y otras, perdieron más del 80% de su valor accionario al inversionistas realizar que ante recurrentes flujos de efectivos negativos estas empresas corrían el peligro de desaparecer en el espacio cibernético con poco dinero en el banco para cubrir sus gastos. ¡Estas empresas, dispuestas a absorber pérdidas con tal de expandir sus mercados con campañas comerciales multimillonaria y ofrecer productos por debajo de su costo, cometieron el error de depender de un mercado de capitale eufórico que como siempre suele suceder, finalmente se cansó de que diera la mano y le halarán el brazo! Ante la urgencia de levantar capital externo para seguir operando, la pregunta hacia mediados del 2000 era si estas empresas sobrevivirían con la llave de acceso ahora cerrada.

Algunos inversionistas en busca de las llamadas "empresas con valor en juego," se concentran en aquellas que mantienen un alto nivel de flujo de efectivo una vez deducidos los costos de las inversiones de capital. Esto es, el llamado "flujo de efectivo libre." La empresa debe de utilizar cierto nivel de efectivo para sus inversiones de capital en su planta, en su equipo, en sus sistemas de procesamiento de datos, etc. Estos le permitirán sostener la calidad de sus productos o servicios. Deducido este efectivo, queda entonces lo disponible para los inversionistas (esto es, los tenedores de bonos y bancos para el pago de intereses o recompra de deuda, así como accionistas para el pago de dividendos o la recompra de acciones). Lo ideal es una empresa que aún ante requerimientos de inversiones de capital, le quede suficiente efectivo para premiar a sus inversionistas, sea mediante el pago de algún dividendo "especial" o, como ocurre más comúnmente, la recompra de sus acciones cotizadas en el mercado.

El monto de las inversiones de capital está listado en la sección del flujo de efectivo como actividades de inversión, bajo el renglón de Adiciones a Propiedades, Planta y Equipo o, sencillamente, Inversiones de Capital.

Como aprenderá en el próximo capítulo, al evaluar acciones, así como se utilizan múltiplos para determinar cuántas veces se paga por participar de las utilidades de la empresa, también hemos de aplicar estos múltiplos al flujo de efectivo de la empresa. Por ejemplo, una empresa cuyas acciones se cotizan a 10 veces el flujo de efectivo, representaría un rendimiento del 10% sobre el efectivo generado por la empresa sobre nuestra inversión (el 10% se obtiene de 1/10), lo cual no estaría nada mal. Pero, si encontramos una empresa cuyas acciones se cotizan a un múltiplo de 5 veces el flujo de efectivo de la compañía, ahí tenemos un candidato que vale seriamente considerar ya que esto correspondería a un rendimiento sobre nuestra inversión del 20% del efectivo generado por la empresa.

Razones de solvencia y rentabilidad

Existe un sinnúmero de fórmulas contables que nos ayudan a determinar la solvencia y rentabilidad de una empresa. Pero, usted no es un Contador Público Autorizado y para mantener la simplicidad de este texto y nuestro análisis, aquí he de explicar las que a mi criterio son los más indispensables.

Primero, queremos determinar que tan sólida es la empresa en la que contemplamos invertir, y segundo, que tan efectiva es la administración en la generación de utilidades para el patrimonio de sus accionistas. Los resultados de estas razones son comparados con la industria en donde se desenvuelve la entidad, el promedio histórico o la tendencia de éstos. Es recomendable preparar un cuadro o una hoja de cálculo que le permita visualizar estas razones y así compararlas como se ha mencionado.

¡No se rompa la cabeza! Gracias a la Internet, puede obtener las razones financieras ya elaboradas para usted. Recomiendo estos sitios:

1. www.wallstreetcity.com ($)
2. www.marketguide.com
3. www.hoovers.com
4. www.investoresearch.com
4. www.wsrn.com
5. www.morningstar.com
6. www.valueline.com ($)
7. www.financialweb.com
8. www.stockguide.com

Razones de solvencia

Éstas nos ayudan a determinar la capacidad en que se encuentra la empresa de poder financiar sus operaciones a corto y largo plazo y así afrontar los retos diarios. Por ejemplo, la entrega de mercancía a clientes sin que le hayan pagado inmediatamente (crédito), el pago por inventario antes de vender, y la devolución de mercaderías cuyo valor de venta no se podrá recuperar, entre otros.

1. Capital de trabajo = Activos corrientes – Pasivos corrientes

El capital de trabajo permite a la empresa sostener sus operaciones ante estas eventualidades. La cantidad de capital de trabajo se obtiene sencillamente de la substracción de los pasivos corrientes de los activos corrientes. Pero, el capital de trabajo en sí, no nos dice mucho en cuanto al riesgo solvente de la empresa.

Para reforzar nuestro análisis de solvencia, tenemos entonces la llamada "razón corriente," o sea, la cantidad de veces que los activos corrientes han de exceder los pasivos corrientes de la empresa.

2. Razón corriente = Activos corrientes / Pasivos corrientes

Una empresa cuyo total de activos corrientes es de US$10,000 y sus pasivos corrientes es de US$8,000 ha de tener un capital de trabajo de US$2,000.00 y una razón corriente de 1.25. Es decir que por cada dólar que debe la empresa a corto plazo, ésta tiene $1.25 para cubrir su compromiso. Cuando una empresa tiene una razón corriente menor a 1, esto implica que tiene más obligaciones con las cuales ha de cumplir en un período menor a un año que activos que pueda convertir en efectivo para cumplir con estas obligaciones a corto plazo. Esto no es necesariamente una señal de alarma siempre y cuando la empresa tenga acceso a líneas de crédito rotativas. No obstante, el nivel adecuado dependerá de la industria donde opere la empresa. Como regla general, se debe buscar empresas que tengan por lo menos $1.50 en activos corrientes por cada dólar de pasivos corrientes.

Entre las líneas del Estado Financiero

Watson presta atención a incrementos "impresionantes" en el renglón de las cuentas por cobrar en comparación a cambios positivos en sus ventas y la proporción de las primeras en relación a las últimas. Esto puede ser indicación que el ingreso por ventas no se está convirtiendo en efectivo, ¡sino que se está acumulando en la bandeja de cobros! Veamos.

Algunas empresas buscan dar la impresión de que las ventas están creciendo o mejorando considerablemente. Para esto, permiten a sus clientes comprar al momento, pero en vez de pagar a 30 días, extienden el crédito a 60 ó 90 días. Lo que ha sucedido es que la empresa está "ganando tiempo" al tomar las ventas del próximo trimestre para verse bien en éste. Esto puede ser indicación de que la empresa sea víctima de presiones competitivas o sencillamente perdiendo clientes. Con nuestra lupa, podemos darnos cuenta si esto está sucediendo.

Primero, comparamos la tasa de crecimiento de las ventas con la de las cuentas por cobrar. Luego, obtenemos el tiempo en días que la empresa está esperando el pago de sus ventas, dividiendo las cuentas por cobrar entre las ventas y multiplicándolo por 90 (que son los días que corresponden a un trimestre). De darse el caso, notarás un incremento notable del período en cuestión en comparación al mismo período del año anterior. El hecho de que las ventas aumentaron considerablemente pero las cuentas por cobrar aún más, es indicación de que, contrario a lo que aparenta, las ventas se están aflojando.

Excepciones que pueden darse en el caso de que la empresa:

- No tenga deuda a largo plazo o…
- Que la deuda total sea menos del 35% de la capitalización total de la empresa. Esto es: Deuda a largo plazo/ (Patrimonio + Deuda).

En dichos casos, la razón se puede "estirar" a $1.00 en activos corrientes por cada $1.00 de pasivos corrientes. En caso de que la empresa tenga la capacidad de cobrar sus cuentas en plazos menores a 30 días, tales como los restaurantes de comida rápida (por ejemplo, McDonald's), bebidas gaseosas (Coca-Cola), o de servicios de telecomunicaciones, esta proporción puede llegar a una proporción de paridad, es decir 1:1 o un poco menos, o sea 0.70:1.

A menos que se trate de empresas emergentes que se encuentren desarrollando un producto innovador y requieren de un alto nivel de activos corrientes, particularmente efectivo, para cubrir sus compromisos a corto plazo, estos activos corrientes deberán sobrepasar más de dos veces los pasivos corrientes de la entidad. Pero, cuando se trata de empresas ya establecidas o que ya tienen un producto disponible para la venta, esto puede ser indicación de que el inventario no se está rotando o que no se está aprovechando el exceso de efectivo; por ende, es importante relacionar esta razón con el tipo de empresa y su industria para determinar si esta situación va con la norma.

Una prueba algo más estricta que la razón corriente es la "prueba rápida o ácida." Al igual que en el cálculo de la proporción corriente, ésta se obtiene dividiendo los activos corrientes entre los pasivos corrientes de la empresa. Pero, en este caso, deducimos los inventarios por el motivo mencionado anteriormente (el que la empresa puede estar teniendo problemas vendiendo su inventario). La prueba rápida entonces es:

3. Prueba ácida = (Activos corrientes – Inventario) / Pasivos corrientes

Razones de rentabilidad y apalancamiento financiero

Como accionista en busca de empresas que ofrezcan un rendimiento atractivo en relación a otras alternativas de inversión, usted debe determinar la eficacia con que la firma en cuestión, está generando un retorno satisfactorio de inversión hacia el patrimonio y la eficiencia con que los activos son utilizados para obtener utilidades. Para determinar esto, utilizamos el retorno sobre el patrimonio y el retorno sobre los activos. En el primer caso, este es:

5. Retorno utilidades sobre el patrimonio = Utilidades netas / Patrimonio

Esta importante razón la utilizamos para obtener qué tan efectiva es la administración de la empresa en generar un retorno hacia la inversión patrimonial de los accionistas. Comúnmente se conoce por sus siglas en inglés *ROE* o *Return On Equity*. Por regla general, empresas con un retorno sobre el patrimonio menor al 15% no ameritan nuestra atención. Para esto, la administración haría mejor colocando el capital en una cuenta bancaria o en valores de rendimiento fijo, ahorrándose así el dolor de cabeza de operar la empresa para los accionistas. Así mismo, se puede utilizar las utilidades operativas antes de intereses, impuestos, depreciación y/o amortización conocido en inglés como el EBITDA – *Earnings before Interest, Taxes, Depreciation and Amortization*. Es decir EBITDA/ Patrimonio.

5.a. Retorno efectivo sobre patrimonio = Flujo de efectivo por operaciones / patrimonio

Una variación al retorno sobre el patrimonio por utilidades, que aquí introduzco, es el retorno flujo de efectivo por operaciones sobre el patrimonio. En este caso, en vez de utilizar las utilidades netas reportadas, hemos de utilizar el flujo de efectivo por operaciones. Considerando la predominancia que se da hoy por hoy en la utilización del flujo de efectivo por operaciones, en determinar la calidad de las utilidades reportadas de la empresa, dicha figura, al igual que el tradicional retorno de utilidades sobre el patrimonio, la podemos utilizar par obtener que tan efectiva se administra la empresa para con su inversionistas, al determinar en este caso qué porcentaje de retorno se obtiene por el efectivo generado por operaciones — las utilidades puras — para con los inversionistas. Al igual que el retorno sobre el patrimonio, buscaríamos retornos arriba del 15%.

En el segundo caso tenemos:

6. Retorno sobre los activos = Utilidades netas / (Promedio de activos)

Una alta proporción en esta figura es indicativo de que la empresa mantiene un alto nivel de margen operativo (bueno), una rotación rápida de sus activos (bueno), o una combinación de ambos (exce-

lente). En términos generales, que la empresa sabe obtener provecho de la reinversión de sus utilidades en los activos que ésta
requiere para seguir operando. Por lo general, una figura arriba del
10% es la norma aunque en el caso de instituciones financieras, el
promedio se ha de mantener entre 1.0 al 1.75%. Esto se debe a la
naturaleza de operaciones de estas entidades que utilizan un alto
grado de apalancamiento financiero (ver abajo) para generar ingresos de sus depósitos (pasivos).

Vale notar que a medida que estas instituciones, particularmente en los Estados Unidos, han ido diversificando sus servicios
para ser menos dependientes a las fluctuaciones de los tipos de
interés y para afrontar la competencia de otras instituciones financieras tales como las administradoras de fondos mutuos y aquellas
que ofrecen cuentas de mercado de dinero, el retorno sobre activos
de éstas ha venido registrando una tendencia alcista. En 1956, el
promedio del retorno sobre activos de aquellos bancos comerciales
con depósitos asegurados era del 0.59%.[14] Para 1970, éste había
aumentado a 0.78%.[15] Hoy día, como mencionamos antes, la
norma se mantiene en un rango del 1.00% a un 1.75%. Mientras
mayor sea la deuda de una entidad, menor ha de ser su retorno
sobre los activos, lo que nos indica que tan expuesta al apalancamiento financiero se encuentra ésta.

El apalancamiento financiero

El nivel de endeudamiento "aceptable" dependerá de la industria
que estemos analizando. Por ejemplo, instituciones financieras y
empresas que ofrecen servicios públicos (luz y agua) se caracterizan por tener altos niveles de deuda en relación a su capitalización
total.

La deuda no es perjudicial si se controla juiciosamente,
como un complemento que beneficie el retorno sobre el patrimonio. Pero ésta puede trabajar como un arma de doble filo. Mientras
mayor sea la proporción de la deuda de la empresa sobre su patrimonio, más expuesta estará a las bajas cíclicas de la economía afec-

14. E. Gerald Corrigan, "Are Banks Special?" *The 1982 Annual Report of
the Federal Reserve Bank of Minneapolis* (Minneapolis, 1982).
15. Ibid.

tando su flujo de efectivo y, por ende, la capacidad de pago de sus compromisos financieros con un costo a las utilidades correspondientes a los accionistas. Cuando las cosas andan viento en popa, este "apalancamiento" ha de trabajar a favor de los tenedores de las acciones. Aquellas empresas que tienen una razón de deuda sobre el patrimonio arriba de la norma son reconocidas como "empresas apalancadas." La norma general es arriba del 35%. En el caso de entidades financieras, como bancos y empresas que prestan servicios públicos como servicios de electricidad, la deuda sobre su patrimonio puede superar el 50%.

Para determinar que tan apalancada está la empresa, obtenemos la proporción de deuda sobre el patrimonio de ésta, es decir:

7. Apalancamiento = Deuda de largo plazo / Patrimonio total

Veamos en la siguiente tabla los efectos para aclarar lo anteriormente expuesto en cuanto al impacto sobre las utilidades de una empresa considerablemente apalancada y otra que no.

Note el efecto que tiene el apalancamiento sobre el retorno al patrimonio de las utilidades en ambas empresas aún cuando ambas reportan las mismas utilidades netas. Aquella con una deuda sobre el patrimonio del 66% obtiene un retorno sobre el patrimonio para con sus accionistas del 13%, mientras que la que tiene una deuda sobre el patrimonio del 25% obtiene un retorno sobre el patrimonio para con sus accionistas del 10%. A primera vista, la primera empresa aparenta ser más rentable para los participantes del patrimonio.

Capitalización total

	Apalancamiento de la empresa			
	Considerable		No considerable	
Deuda	US$ 50,000.00	40%	US$ 25,000.00	20%
Patrimonio	US$ 75,000.00	60%	US$100,000.00	80%
Total	US$125,000.00	100%	US$125,000.00	100%
Antes de impuestos				
Utilidades	US$13,500.00		US$11,750.00	
Intereses	US$ 3,500.00		US$ 1,750.00	
Utilidades netas	US$10,000.00		US$10,000.00	
Deuda / Patrimonio	66%		25%	
Ret. s. patrimonio	13%		10%	

Pero, como se mencionó, no olvidemos que el apalancamiento puede ser un arma de doble filo. Como observará en el próximo cuadro, aquella con mayor apalancamiento registra una caída en el retorno sobre el patrimonio, del 13% en épocas buenas al 9% al enfrentar un mal año, estando obligada a cumplir con sus compromisos financieros antes que con las utilidades reportadas a sus accionistas, mientras que la segunda, registra una disminución considerablemente menor, del 12% durante el buen año, al 11% en una mala época en el retorno sobre su patrimonio.

Empresa apalancada al 66%

Capitalización total

Deuda bonos al 7%	US$50,000.00	US$50,000.00
Patrimonio	US$75,000.00	US$75,000.00

	Buen Año	**Mal Año**	**Cambio**
Utilidades	US$13,500.00	US$10,000.00	-26%
Intereses	US$ 3,500.00	US$ 3,500.00	0%
Utilidades netas	US$10,000.00	US$ 6,500.00	-35%

			Absoluto
Ret. s. patrimonio	13%	9%	-4%

Empresa apalancada al 25%

Capitalización total

Deuda bonos al 7%	US$ 25,000.00	US$ 25,000.00
Patrimonio	US$100,000.00	US$100,000.00

	Buen Año	**Mal Año**	**Cambio**
Utilidades	US$13,500.00	US$10,000.00	-26%
Intereses	US$ 1,750.00	US$ 1,750.00	
Utilidades netas	US$11,750.00	US$ 8,250.00	-30%

			Absoluto
Ret. s. patrimonio	**12%**	**11%**	**-1%**

Lo ideal es encontrar empresas cuyo apalancamiento o deuda, como proporción de su patrimonio, sea mínimo en relación a su industria, y tengan un retorno sobre el patrimonio conmensurado con la tasa de crecimiento de sus utilidades netas o mayor. Esto implica que el crecimiento de la empresa se ha de dar prácticamente por fondos generados internamente y no por la adquisición de deuda o financiamientos externos que comprometan el flujo de efectivo de ésta.

En la página de Internet del profesor/autor Aswath Damodoran en www.stern.nyu.edu/~adamodar, podrá encontrar una tabla actualizada de apalancamientos clasificados por industria. Con ello, podrá comparar manzanas con manzanas y naranjas con naranjas.

La tasa de retención

Si va a considerar alguna empresa por la distribución de sus utilidades o el pago de dividendos, un factor importante a considerar es "la tasa de retención" de la empresa. Ésta nos dice qué porcentaje de las utilidades se reinvierten en ésta, luego de haberse pagado los dividendos correspondientes, permitiendo a la empresa financiar su crecimiento con fondos generados internamente. Para estos propósitos tenemos:

8. Tasa de retención = (Utilidades netas – Dividendos) / Utilidades netas

Junto al retorno del patrimonio, éste nos ayuda a obtener la tasa interna de crecimiento de la empresa o la tasa de re-inversión. Recuerde que una empresa puede mantener su crecimiento interno mediante tres alternativas: adquiriendo más deuda, emitiendo acciones o re-invirtiendo las utilidades generadas. De las tres, re-invertir utilidades es la más atractiva. Para obtener entonces la tasa interna de crecimiento, tenemos que:

8.a. Tasa interna de crecimiento = Tasa de retención × Retorno sobre patrimonio

Si una empresa no paga dividendos, ésta tasa es igual al retorno sobre el patrimonio, ya que se retienen el 100% de las utilidades para re-invertirlas en la empresa.

Utilidades netas $10,000.00
Dividendos $ 0.00

Tasa de retención = Utilidades netas – Dividendos / Utilidades netas
Tasa de retención = $10,000 – $0.00 / $10,000.00
Tasa de retención = 1

Tasa interna de crecimiento = Retorno sobre el patrimonio × Tasa de retención
Tasa interna de crecimiento = 12% × 1
Tasa interna de crecimiento = 12%

Aquella empresa que paga dividendos, debe mantener una política conservadora al repartir éstos a sus accionistas. De lo contrario, sacrificará fondos internos para financiar sus operaciones, arriesgando tener que recurrir a acreedores, acumular deudas y, peor aún, frenar su crecimiento al sacrificar sus utilidades para cumplir con sus compromisos financieros. Por lo general, en empresas en crecimiento, los dividendos de sus utilidades (si es que pagan algún dividendo), representan un porcentaje mínimo de éstas. Este porcentaje se encuentra alrededor del 10% mientras que aquellas ya establecidas pueden estar en capacidad de pagar hasta un 50% de sus utilidades.

Para determinar que tanto paga en dividendos una empresa, tenemos entonces la razón de pago de dividendos. Esto es:

8.b. Razón de pagos de dividendos = Total de dividendos / Utilidades netas

Otras razones financieras

Aunque la hemos confinado a la sección de misceláneos, el conocido margen de operaciones es de suma importancia al considerar la rentabilidad de la empresa. Éste nos indica la proporción de ventas que no se dispensan en los costos de operaciones. Esto es:

9. Margen de operaciones = Ingresos por operaciones antes de impuestos / Ventas (en donde ingresos por operaciones es igual a ventas – costos)

En este caso, buscamos empresas que pueden mantener su margen de operaciones cerca de su promedio histórico con una tendencia positiva, de los últimos tres, cinco o más años. En ambientes competitivos, es preferible que el llamado margen bruto, es decir, los ingresos obtenidos una vez deducidos el costo de venta de productos, sea por lo menos un 50% del total de las ventas.

Hoy por hoy, el control de costos de una empresa es de suma importancia ante el ambiente competitivo en el que vivimos. Si una empresa no puede controlar sus costos y arriesga sacrificar sus márgenes de ganancia, el mercado no dudará en darle la espalda a ésta y ¡el precio de sus acciones, como veremos adelante, sufrirán del *des-precio* de los inversionistas!

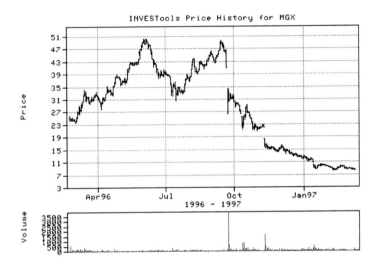

Gráfica: http://www.investools.com

Hay que evitar que la empresa arriesgue atraer competencia, cuando el margen es sustancialmente mayor al de la industria a menos que ésta mantenga un fuerte dominio en su mercado.

Aquellas empresas cuyo margen se ha visto afectado (bien sea por falta de control en sus costos de operación, porque la competencia ha afectado las ventas o por problemas en su producción) serán castigadas por el mercado. Un ejemplo particular se dió en septiembre de 1996 con el fabricante y diseñador Mossimo el cual advirtió sobre una disminución en sus márgenes de operaciones ante altos costos en la producción de sus diseños. Como notará en la gráfica adjunta, la noticia no fue nada bienvenida por el mercado.

Resumen de lo aprendido

A continuación, un resumen de las ecuaciones, razones de solvencia y rentabilidad que aprendimos en este capítulo, las cuales ahora hemos de adaptar a nuestra primera hoja de cálculo.

Tasas de crecimiento:

1. Anualizada = ((Valor final / Valor inicial)$^{(1 / \text{años})}$) − 1

Capitalización y apalancamiento:
1. Deuda / Capitalización
2. Deuda / Patrimonio

Razones de solvencia:
1. Capital de trabajo = Activos corrientes − Pasivos corrientes
2. Razón corriente = Activos corrientes / Pasivos corrientes
3. Prueba ácida = (Activos corrientes − Inventarios) / Pasivos corrientes

Razones de rentabilidad:
1. Retorno sobre el patrimonio = Utilidades netas / Patrimonio
1.a. *Retorno efectivo sobre patrimonio = Flujo de efectivo por operaciones / Patrimonio*
2. Retorno sobre activos = Ingresos por operaciones / (Promedio de activos)
3. Tasa de retención = (Utilidades netas − Dividendos) / Utilidades netas
3.a. También, Tasa de retención × Retorno sobre el patrimonio
4. Margen de ganancia por operaciones = Ingresos por operaciones / Ventas

El análisis de los estados financieros debe incluir:

- La lectura de las discusiones del año de operaciones por parte de los oficiales.
- Como mínimo, el calculo de las razones financieras aquí mencionadas.
- Observar cambios en el análisis horizontal de las principales secciones del estado financiero y de las razones financieras.
- Ante una duda, preguntar. Siendo un accionista potencial, es decir, un posible dueño de la empresa, las compañías públicas cuyas acciones están listadas en los mercados de valores desarrollados, como lo es el de los Estados Unidos, tienen una oficina de relación al inversionista o han nombrado a una empresa de relaciones públicas que se encarga de atender estas preguntas.
- Otro lugar en donde puede ponerse al tanto de los eventos relacionados a la empresa es en www.techstocks.com, un sitio donde una variedad de inversionistas comentan acerca de sus acciones. En este caso, tenga cuidado ya que algunos participantes utilizan estos llamados *chat rooms* para promover sus inversiones con tal de inflar el precio.

A continuación, detallamos algunas interrogantes que pueden hacerse a los representantes de la empresa al momento de efectuar su investigación:

- ¿He repasado los estados financieros y encontrado cambios notables en el cambio porcentual de sus (*ventas, ingresos netos, cuentas por cobrar, flujo de efectivo operativo, etc.*) en los últimos tres años. ¿Atribuyen esto a algún motivo en particular?
- ¿Ante este crecimiento (decrecimiento), pretende la empresa hacer inversiones de capital en el próximo año? De ser así, ¿qué tipo de facilidades serán? ¿Qué tipo de vehículo utilizarían para obtener el capital: deuda, emisión de acciones o fondos internos de la empresa?
- ¿Han notado algún incremento en el ambiente competitivo de sus productos?
- ¿Piensan que esto ha de afectar sus márgenes de ganancia?
- ¿Están contemplando expandirse a mercados internacionales?
- ¿Tienen reportes de analistas financieros que siguen su empresa? De ser así, favor de enviármelos.

Estas preguntas se pueden utilizar como referencia para la investigación. Las empresas además mantienen un servicio de actualización por correo y páginas en la Internet. Si desea mantenerse en algunas de estas listas y así recibir periódicamente los estados financieros anuales, diríjales una nota de su interés, sea por correo regular o por *e-mail*.

Resumen de los registros de empresas del Securities and Exchange Commission. (www.sec.gov)

1.) 10-K: Registro con los estados financieros anuales de la empresa. Éste se debe de presentar al SEC a los 90 días del cierre del año fiscal.

2.) 10-Q: Registro con los estados financieros trimestrales de la empresa. A diferencia del 10-K, éste no está examinado por una firma contable y se presenta al SEC a los 45 días del cierre del trimestre.

3.) 8-K: Este formulario se utiliza para informar al SEC de eventos especiales que pueden incluir cambio del auditor, adquisiciones, cambio del nombre de la compañía, renuncia de algún director e inclusive la quiebra.

4.) S-1 ó S-18: Estos detallan la intención de la firma de efectuar una emisión de valores. Aquí se incluye el prospecto informativo que provee los detalles de la empresa, planes futuros, estados financieros, etc.

Proceso de análisis paso a paso

1. Filtrando la información

Método cualitativo

- *Forbes, Worth, BusinessWeek, Fortune*
- *Mecánica Popular, Scientific American, Discover*
- *Washington Post, The Wall Street Journal, Barron's*
- *CNN, CNBC,* reportajes científicos
- Anuncios comerciales
- Internet

Método cuantitativo (Parámetros relativos y absolutos)

- Standard & Poor's: www.stockinfo.standardpoor.com
- Morningstar: www.morningstar.com
- Value Line: www.valueline.com
- Wall Street City: www.wallstreetcity.com
- FinanceWeb: www.financeweb.com

2. Indagación

- Dirigiéndose directamente a la empresa (ver pág. 36).
- Sitio de la empresa. Por lo general la dirección de la página es el nombre de ésta. Por ejemplo, el sitio de Sun Microsystems es www.sun.com. Un sitio bastante frecuentado por el autor es www.wsrn.com. También, están las "máquinas de búsqueda" como www.altavista.com. Sólo introduzca el nombre de la empresa (en AltaVista, hágalo de esta manera: NombreX + NombreY), y si ésta tiene una página en la Internet, aparecerá en los resultados.
- Securities and Exchange Commission—Edgar. Aquí encontrará todos los documentos referentes al estado financiero de la empresa y registros que puedan tener un impacto sobre el precio de la acción. En la Internet, la dirección es www.sec.gov. El formato de la información aquí presentada es algo confusa, pero existe un programa llamado FreeEdgar, el cual puede

bajar del sitio www.freedgar.com que le permite importar la información financiera registrada con el SEC directamente a la hoja de cálculo Excel de Microsoft. Este programa es altamente recomendado.

3. Los específicos de la empresa (Hoja de cálculo)

Industria:

- Prospectos de beneficiarse del desarrollo social y tecnológico.
- Posición dominante o considerable en la respectiva industria.

Ventas:

- Dependencia a diversos clientes o "recurrentes."
- Empresas establecidas: Tasa de crecimiento en ventas entre un 5%-7%, por lo menos.
- Empresas en crecimiento: Tasa de crecimiento en ventas entre un 15%-20%, por lo menos.

Utilidades por acción antes de impuestos:

- Si éstas crecen a una tasa conmensurada a las de las ventas, mejor.
- Si éstas NO crecen a una tasa conmensurada a las de las ventas, debe haber indicaciones que la tasa de crecimiento de las ventas se mantiene estable, hay control del gasto de operaciones y que los márgenes de ganancia no se afectan.
- La tasa de crecimiento en las utilidades antes de impuestos ha de ser comparable con el retorno sobre el patrimonio.
- La tasa de crecimiento ha de mantener su tendencia histórica anualizada y de tratarse de una empresa en crecimiento, ir en aumento. Esta tasa, por lo general, estará por arriba del 15%.
- La tasa anualizada proyectada a 5 años, ha de ser de por lo menos un 15%. Esto es de suma importancia para empresas que desarrollan algún producto innovador.
- Si se trata de una empresa que paga dividendos, su tasa de retención ha de ser lo suficiente como para mantener un retorno sobre el patrimonio arriba del 15%.

Margen de operación:

- Comparar con el promedio histórico y con la industria.
- La tendencia se debe de mantener positiva.
- Hay que tener cuidado con una disminución considerable o consistente.

Retorno sobre el patrimonio:

- Preferiblemente busque empresas con un retorno sobre el patrimonio arriba del 15% pero cuya deuda sobre el patrimonio sea menor al 35%.
- Comparar con el promedio histórico y con la industria.
- La tendencia ha de mantenerse cerca del promedio o en aumento.

Deuda sobre el patrimonio y deuda sobre la capitalización total:

- Mientras menor sean estas cifras, mejor.
- Con la excepción de servicios financieros como bancos y empresas de financiamiento, la proporción no ha de ser mayor del 35–40%.

Razones seguras de solvencia

Tendencia gráfica positiva o con indicación de estar creando una base de acumulación

4. Lista final de prospectos

Selección según las valuaciones del mercado

   Múltiplos:

- Utilidades por acción corriente y proyectada
- Ventas por acción
- Valor en libros por acción
- Flujo de efectivo por acción

   Rendimientos:

- Utilidades
- Dividendos

Cuarto Capítulo

La Valorización Fundamental

Temas a tratar en este capítulo:

- *La premisa de la valuación fundamental*
- *Entiendo el concepto del factor multiplicador aplicado en la valuación de acciones*
- *Incorporando la tasa de descuento de utilidades para obtener un múltiplo justo*
- *Incorporando un múltiplo justo para obtener el precio a pagar por la acción*

La Valorización Fundamental

El acercamiento de análisis fundamental se da por las siguientes consideraciones sobre la empresa:

1. Estado de solvencia y rentabilidad
2. Potencial de crecimiento
3. Múltiplos del precio, en relación al crecimiento de utilidades netas proyectadas
4. Múltiplos del flujo de efectivo operativo y del valor en libros
5. Tasa esperada de retorno que compense, el riesgo de invertir en la acción

Básicamente, el analista fundamental no se pregunta, ¿a qué precio la acción? sino, ¿cuántas veces estoy pagando por participar en el crecimiento de la empresa? Esto lo determina según los múltiplos de utilidades, ventas, flujo de efectivo operativo por acción y patrimonio o valor en libros.

Un múltiplo se obtiene sencillamente de la división del precio por acción entre el rubro por acción en cuestión. Por ejemplo, asumamos que las acciones de la empresa XYZ, se cotizan en $20.00. Ésta registró ventas anuales, en el orden de $250,000.00 y existen unas 10,000 acciones emitidas y en circulación. Por consiguiente, sus *ventas por acción* (ventas entre la cantidad de acciones emitidas y en circulación) son de $25.00 por acción. En este caso, su múltiplo de ventas será de 0.80, ($20.00 / $25.00). Esto, es el inversionista está pagando $0.80 por cada dólar de venta que tiene la empresa o un 80% del 100% de las ventas.

En 1996, James P. O'Shaughnessy publicó un estudio de aquellas acciones que se cotizaban por debajo del 100% de sus ventas por acción, es decir a un múltiplo por debajo de 1.00. Este estudio fue publicado en su libro *What Works On Wall Street* (¿Qué

Funciona en Wall Street?) (McGraw-Hill, 1996). O'Shaughnessy encontró que una inversión de aquellas acciones de empresas contenidas en la base de datos de su estudio, cotizadas por debajo de sus ventas por acción, hubieran sido apreciadas de $10,000 en 1954 a $7.8 millones en 1994. O'Shaughnessy aplicó el concepto a otros múltiplos, tales como el valor en libros de la empresa y las utilidades por acción (el P/E). La siguiente tabla resume los resultados de su estudio:

Múltiplo	$10,000 en 1954, en 1994 serían
Precio / Ventas < 1x	$7,858,269.00
Precio / Valor en Libros < 1x	$5,862,803.00
Precio / Utilidades < 20x	$4,745,447.00

Fuente: James P. O'Shaughnessy, *What Works on Wall Street* (McGraw-Hill, 1996).

Oportunidades así, se presentan todos los días en el mercado, cuando se obvian las empresas como consecuencia de algún tropiezo en la trayectoria de sus utilidades, una administración que está por ser puesta de patitas en la calle, o por las bajas cíclicas de la industria (ya sean económicas o específicas).

Un ejemplo de la efectividad del método de inversión mencionado, puede observarse en la gráfica de Semtech Corp., empresa que hacia mediados de 1996, había caído víctima de la baja cíclica que afectó la industria de equipo para la fabricación de semiconductores. Cuando la acción se cotizaba alrededor de los $10.00, su precio por acción se encontraba por debajo del valor en libros por acción y su múltiplo por utilidades era menos de 9 veces su precio. Analizando los estados financieros, se podía concluir que esta empresa, con fundamentales positivos, se "castigaba" exageradamente por el mercado. Éste era el momento de comprar. Una vez que el mercado apreció lo bajo que se encontraban estas acciones en relación al valor intrínseco de la empresa y al potencial de su crecimiento una vez que se recuperara la industria, las acciones de la empresa re-iniciaron una tendencia positiva, que a mayo de 1997, como notará en la gráfica, parecía prácticamente ininterrumpida.

Analizando los estados financieros, podía concluir que esta empresa, con fundamentales positivos, se "castigaba" exageradamente por el mercado. Gráfica cortesía de www.wallstreetcity.com por Telescan, Inc. (281-588-9700).

Pero ahora no corra a comprar cada acción que se cotiza a bajos múltiplos. Tenga en mente que en ocasiones el mercado resulta un sistema bastante eficiente y si la empresa se "desprecia" por éste, es así por algo. Si bien un contra argumento a este punto, es que lo peor de la empresa ya ha sido descontado en el precio de la acción, y lo que queda es esperar una buena noticia que le dé un giro de 180 grados a la tendencia de las acciones de ésta, debe informarse del porqué se presenta esta clase de oportunidades. Esto es parte de su trabajo como inversionista/analista. Puede ser que los días de esta empresa como entidad operativa estén contados, debido a una alta carga de deuda, o ésta se ha visto víctima de presiones competitivas (observe la tendencia del margen operativo). Puede referirse a noticias relacionadas a la empresa, que hoy son bastante fáciles de encontrar gracias a la Internet.

El múltiplo de las utilidades
(*P/E Ratio*)

Expandamos el concepto de los múltiplos, utilizando aquel que nos dice cuantas veces estamos pagando por participar del crecimiento de las utilidades de una empresa. El *múltiplo de las ganancias por acción*, se obtiene simplemente dividiendo el precio actual de la acción, entre sus utilidades netas por acción.

Precio de la acción / Utilidades netas por acción

Es decir, el múltiplo de las utilidades indica, en relación al precio de la acción hoy, a que nivel el mercado descuenta la tasa de crecimiento de las utilidades de la empresa. Un múltiplo de cinco veces las utilidades por acción, implicaría que el mercado espera una tasa de crecimiento del 5% anual. Asumiendo que la tasa de crecimiento anual de las utilidades se mantiene en cero, le tomaría cinco años recuperar solamente el principal. (¡En un caso así, mejor deje su dinero en el banco, aún cuando éste estuviese pagando un 1% sobre su depósito!)

Extrapolando las utilidades proyectadas, el múltiplo nos permite estimar el precio futuro de la acción. Esto es:

Precio de la acción = Utilidades proyectadas × P/E

Lo que debemos determinar, es si esta cantidad de veces a pagar, amerita su inversión, en relación al potencial de aumento del precio de la acción que se dará (o no se dará) por la expansión del múltiplo, a medida que la empresa registre un crecimiento consecutivo en sus utilidades. Esto es, el primer trimestre registra un crecimiento del 25%, el segundo del 50%, el tercero del 75% y así sucesivamente.

Asumamos que hemos encontrado las acciones de una empresa, cuyas utilidades se espera mantener en una tasa de crecimiento anualizada del 15% en los próximos cinco años. Dicho de otra manera, sus utilidades han de multiplicarse, por un factor de 15 veces en cinco años. Entonces tendríamos:

Año	Tasa	Factor (Múltiplo)	Utilidades
1	1.15	1.15	$3.45
2	1.15^2	1.3225	$3.97
3	1.15^3	1.5209	$4.56
4	1.15^4	1.7409	$5.25
5	1.15^5	2.0114	$6.03

Actualmente, el mercado, cotiza estas acciones a un múltiplo de cinco veces las utilidades corrientes. Quizás, esto es así porque recientemente la empresa se vió afectada por alguna baja cíclica de su industria. En base a una tasa esperada de crecimiento del 15%, consideramos que una cotización de 5 veces sus utilidades de $3.00, (es decir los $15.00 del precio por la acción actual), ésta no refleja justamente su valor potencial. Su múltiplo debería ser al menos 15 veces las utilidades, no cinco.

El mercado no parece estar considerando el incremento futuro de estas acciones en relación al crecimiento de sus utilidades. Ahora, veamos que sucedería de acertar en nuestro análisis y compramos estas acciones pagando 5 veces sus utilidades presentes, o sea $15.00 por acción con las expectativa de que éstas han de acelerarse a un 15% compuesto y, por ende, su múltiplo va a expandirse a 15 veces las utilidades.

Años	Utilidades	5x UPA	15x UPA	20x UPA	25x UPA
0 (Hoy)	$3.00	$15.00	$45.00	$60.00	$75.00
5	$6.00	$30.00	$90.00	$120.00	$150.00
10	$12.00	$60.00	$180.00	$240.00	$300.00

Así como el mercado castiga empresas que no llegan a cumplir con las expectativas de crecimiento, éste de igual manera premia a aquéllas que sí. Hoy pagamos $15.00 por acción, mientras la empresa crece gracias a sus utilidades, a una tasa ponderada del 15%. En 5 años estimamos que ésta ganará $6.00 por acción como podemos observar en el cuadro anterior o como podemos determinar utilizando la fórmula del valor futuro.

Esto es:

Valor futuro = Valor presente $\times (1 + t)^5$, o sea,
Utilidades futuras = $3.00 $\times (1 + 0.15)^5$
$3.00 $\times$ 2.01136 = $6.03.

Al momento que esta empresa genere estos $6.00 en utilidades por acción, el mercado habrá de incorporar esta tasa de crecimiento al precio de la acción (múltiplo corriente). En cinco años, podemos esperar un múltiplo de por lo menos 15 veces las utilidades proyectadas por acción, o sea, un precio de $90.00. Si es observador, notará que *lo que buscamos es la expansión del múltiplo, no el aumento del precio de la acción per se.*

Esto es:

Precio = Utilidades $\times$ P/E
Precio = $6.00 $\times$ 15
Precio = $90.00

No está mal, considerando que estamos pagando tan solo $15.00 por acción. De seguir esta tasa el optimismo del mercado, aumentará y lo más probable es que ahora éste justifique pagar hasta 20x las utilidades de la empresa. ¡Con las expectativas de que el crecimiento de las utilidades pueda acelerarse, entonces aquí el precio ascendería a $150.00 la acción! Considerando que ya el mercado está pagando una prima del 33% (20 / 15) sobre lo que consideraríamos justo pagar por la tasa de crecimiento de la empresa (15x), sería prudente vender estas acciones en este momento, realizar nuestra ganancia y buscar una inversión que ofrezca una nueva oportunidad. Más adelante veremos como podemos aplicar este concepto al estimar el precio en relación a las utilidades proyectadas a un año.

El múltiplo de las utilidades por acción se calcula utilizando:

*   *Utilidades fiscales*: las utilidades al último año reportado.
*   *Utilidades corrientes (trailing)*: las utilidades que ha generado la empresa a la fecha, de manera anualizada.
*   *Utilidades proyectadas*: En este caso, el múltiplo tiene la mayor relevancia ya que lo que buscamos son empresas cuyo factor de crecimiento futuro, no se vea reflejado en el precio de la acción. Las utilidades proyectadas que hemos de utilizar pueden ser obtenidas de servicios de análisis tales como Zacks Investment Services (www.zacks.com), quienes hacen una encuesta de estimados de diversos analistas que siguen a la empresa y publican un promedio del *consensus*. Otros servicios bastante seguidos son FirstCall (www.firstcall.com) y IBES (www.ibes.com).

De la teoría a la práctica
de la valorización fundamental

Ahora vamos a incorporar todo lo aprendido hasta aquí, y en particular lo expuesto en el segundo capítulo. Si desea, repase éste antes de seguir.

Como hemos visto, una acción no es más que una alternativa de inversión. Para propósitos de claridad, asuma que en vez de comprar una acción, usted opta por efectuar un depósito. A cambio de su dinero, el banco le dará una libreta de ahorros. Esta libreta puede considerarla como su patrimonio, y el crecimiento de éste, dependerá del interés que se acumule sobre su inversión original—el cual el banco ha fijado. En este caso, usted sabe exactamente el flujo de efectivo que se acumulará en su libreta de ahorros (patrimonio), dado el interés ofrecido por la institución bancaria. Si usted desea obtener en los próximos cinco años un flujo total de $300.00 sobre una inversión hoy de $1,000.00, anualizado, este retorno es aproximadamente del 5.4%. Es decir:

Inversión × Interés anualizado = Flujo de efectivo capitalizado
$1,000.00 × Interés anualizado = $300.00
Interés anualizado = $300.00 / $1,000
Interés anualizado = $(1 + 30\%)^{1/5}$ o sea,
Interés anualizado = 5.4%

Pero ahora, volvamos a las acciones. En este caso, este flujo de efectivo hacia su patrimonio no es fijo. Recuerde que al adquirir ésta, ahora usted obtiene un reclamo sobre el crecimiento del patrimonio de la empresa. En vez de recibir una libreta de ahorros a cambio de su dinero, usted recibe acciones que forman parte del patrimonio de la empresa. El flujo positivo que permita capitalizar este patrimonio, es decir, la generación de sus utilidades operativas para con sus accionistas, depende de la capacidad de la entidad, de mantener una tasa de crecimiento futura, que sea lo suficientemente atractiva que justifique la apreciación de sus acciones en el mercado de valores en el futuro, por lo que está pagando hoy. Pero, la empresa no va a fijar esta tasa de crecimiento. A diferencia del banco que le dice de antemano a que tasa se capitalizará su inversión, aquí esta tasa es un estimado y, obviamente, no es en lo absoluto certera. Por ende, hemos de aplicar los conceptos de la tasa esperada de retorno aprendidos anteriormente.

Bien, veamos un ejemplo específico utilizando a la General Motors. En el caso de las acciones de este componente del Dow, tenemos que estas acciones tenían un Beta a abril del 2000 de 1.01. Sus utilidades fiscales al año se esperaba serían de $9.44 por acción con expectativas de una tasa de crecimiento anualizado a cinco años al orden del 8.29%, esperando entonces que ésta registre $14.06 en utilidades por acción en los próximos cinco años, es decir

$9.44 $(1.0829)^5$. Asumiendo un horizonte de inversión a cinco años, encontramos una emisión de bonos de la empresa a un período casi a dicho tiempo, de seis años. Dicha emisión tiene una calificación crediticia "A" de la Standard & Poor's y una prima del 1.15% sobre un bono de vencimiento similar emitido por el gobierno de los EEUU el cual arrojaba un rendimiento de 6.25%. Aplicando la fórmula del CAPM ajustado ahora al riesgo crediticio, obtenemos una tasa esperada de retorno de:

E(r) = CAPM + Prima de riesgo crediticia + Prima de rentabilidad
E(r) = [(6.25%) + (1.01 × 5.50)] + 1.15%
E(r) = 6.25% + 5.55% + 1.15%
E(r) =12.95%

Nota: Tasa de riesgo libre es la Nota del Gobierno Americano con vencimiento a noviembre 15 del 2004. El rendimiento era del 6.25% al 20 de abril del 2000.

Teniendo las utilidades esperadas y la tasa de retorno mínima, podemos entonces encontrar el precio de la acción en base a su rentabilidad esperada, como función de la tasa esperada de retorno. Para esto, ahora nos basamos en la misma fórmula que utilizamos para estimar cuanto obtendríamos con un depósito bancario. Como recordará esta era:

Inversión × Interés = Flujo de efectivo hacia patrimonio

lo cual es como decir,

Precio de acción × Tasa de retorno = Flujo de utilidades operativas
Inversión × 12.95% = $14.06
Inversión = $14.06 / 0.1295 = $108.57

Ahora, si quisiéramos completar nuestro modelo de valuación, agregaríamos la prima por el rendimiento de las utilidades, deduciendo éste del rendimiento comparativo más seguro ofrecido por las letras del Gobierno Americano. Como recordará, dicho rendimiento por rentabilidad sencillamente se obtenía dividiendo las utilidades por acción de la empresa entre su precio, o si tenemos el múltiplo de las utilidades, 1/múltiplo. En el caso de GM, dicho múltiplo a abril del 2000 era de 10, lo que indicaba que el rendimiento por utilidades de las acciones era de un 10%. Con el instrumento de rendimiento fijo comparativo ofreciendo un rendimiento del 6.25%, tendríamos una prima de 3.75% Si ahora agregamos dicho rendimiento a nuestro modelo de valorización el retorno esperado sube a 16.70% ocasionando una reducción en el valor fundamental de las acciones a $84.20 de $108.57.

Resumiendo:

E(r) = [(6.25%) + (1.01 × 5.50)] + 1.15% + 3.75%
E(r) = 6.25% + 5.55% + 1.15% + 3.75%
E(r) = 16.70%

y un valor fundamental de:

VF = $14.06 / 16.70%
VF = $84.19

Las acciones de General Motors hacia finales de abril del 2000 se cotizaban en $88.00, un valor muy cercano al calculado. Ahora bien, tenga en mente que la General Motors es una empresa cíclica, y, por ende, inversionistas han de incorporar en su precio un rendimiento que compense por la no tan clara visibilidad ante la posibilidad de un enfrentamiento en el crecimiento de las utilidades operativas de la empresa. A la tasa esperada de retorno actual, estas acciones pueden ofrecer un rendimiento atractivo, pero de verse afectado el flujo de efectivo en el futuro, y a consecuencia una reducción en los estimados de crecimiento de esta empresa, la tasa de descuento ha de ser ajustada mediante una disminución en el valor presente de la acción.

Otra manera de enfocar el concepto de valuación, es partiendo de las utilidades esperadas y resolver utilizando el precio de la acción para determinar si el retorno esperado, en relación a las utilidades que asume el mercado, es lo suficientemente atractivo. Es decir, considerando el riesgo, ¿Se está compensando lo suficiente por asumirlo? Por ejemplo, utilizando la empresa Cisco Systems, una de las favoritas de los inversionistas, vemos que el *consensus* de Wall Street, es un aumento compuesto del 30.47%% anualizado en las utilidades hacia los próximos cinco años. Resolviendo la fórmula del valor futuro, extrapolamos una proyección de $1.93 en las utilidades a generar por la empresa. Con el precio de la acción (inversión) en $64.875 hacia finales de abril del 2000, entonces resolvemos:

Inversión o precio de la acción × Tasa de retorno esperada = Flujo hacia el
patrimonio o utilidades proyectadas a cinco años
$65.00 × Tasa de retorno = $1.93
Tasa de retorno = $1.93 / $65.00
Tasa de retorno = 3.00%

Considerando que el mercado incorpora una tasa de
retorno anualizada esperada del 3%, mucho menor a lo que recibiríamos sin asumir riesgo de recuperación de nuestro principal de
invertir en un instrumento del Gobierno Americano, debemos considerar estas acciones sobrevaloradas.

Utilizemos ahora a la Apple Computer, la empresa que
hizo millonario a Forrest Gump, para explicar otro modelo de
valorización. Primero, debemos obtener la tasa esperada de
retorno. Una vez obtenida la tasa de retorno esperada, es cuestión
de resolver utilizando un múltiplo de utilidades adecuado. Entonces, hemos de descontar el precio futuro para obtener el valor presente, utilizando nuestra tasa esperada de retorno y así compararlo
con el precio actual de la acción determinando así, si su valor está
demasiado bajo o alto en relación a lo que, de acuerdo el mercado
se exige por transferir el riesgo de un inversionista al otro, es decir,
lo que pide el vendedor por cederle sus acciones al comprador.

Tenemos que el Beta de las acciones de esta empresa es de
0.57 según www.wallstreetcity.com. Si en abril del 2000, el rendimiento del bono del Gobierno Americano era de aproximadamente 6.00%, basados en el CAPM (en este caso no utilizaremos las
primas del solvencia ni crédito, y asumimos que el mercado es lo
suficientemente eficiente para incorporar éstas en el precio de la
acción), obtenemos que una tasa esperada de retorno por invertir
en estas acciones ha de ser de por lo menos un 9.14%. Ahora esperamos que con la exitosa introducción de las iMac y la serie G, esta
empresa pueda llegar a generar un crecimiento de por lo menos un
25% en sus utilidades por acción para el aniversario del Y2K, lo
que las llevaría de $3,54 (estimado al cierre fiscal del 2000) a $4.42
en el año 2001. Como explicaré más adelante un múltiplo justo a
pagar por esta acción no debería ser menor a 25 veces las utilidades. Si utilizamos este múltiplo para extrapolar nuestro precio al
próximo año, según las utilidades proyectadas, obtenemos:

Precio esperado = Utilidades proyectadas × Múltiplo
Precio esperado = 4.42 × 25 = $110.50

Ahora hemos de descontar este precio a nuestra tasa de retorno esperada, que es de aproximadamente un 9.00%. Esto lo hacemos resolviendo:

```
Valor presente = Valor futuro / (1 + tasa)
Valor presente = $110.50 / 1.0914
Valor presente = $101.25
```

El precio de las acciones de Apple en abril del 2000, era de $121.00,[16] un 20% por encima de nuestro valor estimado.

Estimando el múltiplo adecuado a utilizar

Determinar con exactitud cuál es el nivel ideal a pagar por las utilidades de las empresas, dependerá de si ésta, efectivamente, refleja la tasa proyectada de crecimiento anualizada a uno y cinco años y el retorno sobre el patrimonio de la empresa. Éste último, es lo que nos dice que tan rentable es la empresa hacia el interés de los accionistas comunes. Además, hemos de hacer una comparación con la alta y baja histórica así como con otras empresas en negocios similares: el llamado múltiplo relativo.

El objetivo es concentrarse en empresas cuya tasa de crecimiento proyectada al próximo año y a cinco años anualizados, aún no se vea reflejada en el múltiplo de las utilidades corrientes y proyectadas de la acción. Puede ser un candidato interesante, por ejemplo, una empresa cuyas acciones se cotizan a un múltiplo de 10x las utilidades corrientes y de 12x las utilidades proyectadas y de la cual se esperan crecimientos (anualizados) en las utilidades proyectadas al próximo año de un 30%, y del 20% en los próximos cinco.

En un artículo de Randy Myers, "How to PEG a Winner" (el 3 de septiembre de 1997 en www.msn.investor.com), se cita un estudio efectuado por Rich Bernstein, (encargado del Departa-

---

16. La empresa declaró un *split* 2:1 el 19 de abril del 2000. Dado que al momento esta edición estaba en proceso de publicación, los resultados aquí presentados no han sido ajustados para reflejar dicho *split*. Para estos efectos, sencillamente estos se han de dividir entre dos.

mento de Análisis Cuantitativo, de la firma de corretaje Merrill Lynch), junto a su asociado, Kari Bay. Estos concluyeron, que aquellas acciones de empresas que se cotizaban a un múltiplo de sus utilidades por debajo de su tasa de crecimiento proyectada anual a cinco años *(el llamado Price to Earnings Growth Ratio – PEG ratio)* produjeron a 1996 un retorno promedio anualizado en los últimos 10 años de 18.30% en comparación a un retorno del 11.80% del indicador bursátil Standard & Poor's 500.

Otra manera de cuantificar el múltiplo adecuado, es despejando los componentes de aquella fórmula que utilizamos para a obtener un precio "justo," viendo las acciones como una libreta de ahorros. Es decir,

Precio = Utilidades esperadas / Tasa esperada de retorno (E(r))

Resolviendo tendríamos, que el P/E es igual al Precio / Utilidades netas por acción o también es igual a Utilidades esperadas / E(r). Es decir,

P/E = (Utilidades esperadas / E(r)) / Utilidades netas por acción

Si por ejemplo esperamos obtener una tasa anualizada de retorno del 12% en las acciones de empresa de Gateway Computer, con un crecimiento esperado en sus utilidades por acción al orden del 24% de $1.84 durante el año fiscal del 2000 a $5.39 en cinco años, un múltiplo por utilidades adecuado dado por su crecimiento esperado, entonces sería:

P/E = ($5.39 / 0.12) / $1.84
P/E = 24x

dicho resultado, va conmensurado con el crecimiento anualizado del 24% estimado.

Si ahora quisiéramos obtener un precio estimado para los subsiguientes años, entonces tendríamos que multiplicar el múltiplo de las utilidades por las utilidades esperadas correspondientes a cada año.

Es decir,

Múltiplo	Utilidades	Factor	Proyectadas	Precio esperado
24x	$1.84 ×	1.24	= $2.28	$54.76
24x	$1.84 ×	$(1.24)^2$	= $2.83	$67.90
24x	$1.84 ×	$(1.24)^3$	= $3.51	$84.20
24x	$1.84 ×	$(1.24)^4$	= $4.35	$104.40
24x	$1.84 ×	$(1.24)^5$	= $5.39	$129.46

El nivel del *múltiplo de las ganancias por acción*, también nos dice si se trata de una empresa establecida, cíclica o en crecimiento y la industria en que ésta se desempeña.

Una empresa **establecida,** es aquélla que ha llegado a la etapa de madurez y sus ventas por lo general crecen a una tasa de crecimiento paralela al crecimiento nominal del producto interno bruto de la economía. Éstas son aquéllas que a través de las décadas han sobrevivido recesiones, depresiones, espirales inflacionarias, etc. Sus cofres de efectivo y ventas, muchas veces sobrepasan el producto interno bruto de algunos países e inclusive el de toda Centroamérica combinada. Algunos ejemplos son: General Electric, United Technologies y DuPont. Por lo general, su capitalización del mercado (acciones emitidas y en circulación por el precio) se ubica en los varios miles de millones de dólares.

Este tipo de empresas, (al igual que durante la corrida bursátil de finales de los '90), estuvo muy de moda durante los '70. Los promotores de bolsa las ofrecían a inversionistas con el gancho de que debido a la solidez de éstas, sus acciones eran para comprarlas y "olvidarse" de ellas. Está difícil eso de olvidarlas, al considerar la subsiguiente caída de aquella época que sufrió el mercado. Muchas de estas acciones, perdieron más del 50% de su valor. Dicho fue el caso de la General Electric que, de su nivel más alto en 1973 cayó un 63% y no fue hasta ocho años después que sus acciones se recuperaron de vuelta a este nivel. Érase una época en que las acciones de las empresas establecidas se cotizaban cerca de 10–15 veces sus utilidades corrientes y proyectadas. Hoy, empresas consideradas como establecidas incluyen a General Electric, Cisco, Microsoft, Intel, Oracle, Sun Microsystems, Wal-Mart, Home Depot, AOL Time Warner, entre otras, cotizadas de 50 a más de 100 veces sus utilidades proyectadas. Justificadamente o no, el nombre de una empresa definitivamente tiene un gran valor.

El paradigma del nuevo siglo, ha ocasionado que inversionistas, en busca de empresas que tengan una dominación global y de la Internet, lleven las cotizaciones de sus acciones a múltiplos exorbitantes, ignorando en casos el motivo fundamental de lo que representa una acción: la sumatoria de las utilidades operativas futuras, descontadas a una tasa de riesgo que compense lo suficiente por invertir en estas ante la volatilidad e incertidumbre en obtener los objetivos de crecimiento proyectados. Peor aun, son las cotizaciones que se dan por acciones de empresas que hemorragian sus ganancias en costos operativos, haciendo un acto de magia poder proyectar cuando sus utilidades lleguen a ver la luz del día. Si la variable utilizada para incorporar dicha sumatoria del flujo de utilidades operativas proyectado es negativo, el valor real de la acción será cero. Como advierte James O'Shaughnessy en el artículo publicado en la revista *Fortune* de abril 3 del 2000, "Market Madness: What The Hell Is Going On" (David Rynecki): "El mercado tolerará algunas ridiculeces hasta que se ajuste a las nuevas empresas que [si] mostrarán el *cash*. Una vez que suceda, entonces será el fin de esto." Como nota una gráfica que acompaña el artículo, las empresas que registraron la mayor pérdida de utilidades fueron las que ofrecieron el mayor retorno sobre la inversión durante 1999. ¿*Uh*?

Para algunos estudiosos del mercado, las altas cotizaciones en relación al valor fundamental de las empresas, es muestra de los niveles ilusorios a los que la sicología del mercado puede llevar las acciones de esta clase de empresas, cotizadas, más que nada, en base a la esperanza. En un análisis de dichas valuaciones, en www.ianforum.com, se publicó en 1999, un cuadro en donde presentaba la tasa requerida de crecimiento anual en ventas (no utilidades) para los próximos 10 años de ciertas empresas de la Internet de manera que pudieran justificar sus valuaciones hasta esa fecha En el caso de Yahoo! y e-Bay, dicha tasa debía ser de un 94%. A modo de comparación, Microsoft, la empresa más exitosa de este siglo, ha visto crecer sus ventas en los últimos diez años, a una tasa anualizada del 45%.

Aun así, un ambiente de operación favorable no visto en más de tres décadas, el período de expansión económica más largo en la historia industrial y tecnológica de los EEUU con diminutas presiones inflacionarias ante una envidiable productividad y el status de algunas, como las empresas más seguras de la villa global (Intel, General Electric, Texas Instruments, Home Depot, Wal-Mart entre otras) que mantienen crecimientos por encima del 20% anualizado, y prospectos de aquellas como Cisco Systems, Qwest Communications, AOL Time Warner, Agilent Technologies, Amgen, en poder convertirse en los Microsoft, AT&T, General Electric, Disney, Merck y Pfizer a medida que nos adentramos al nuevo siglo, se utiliza como pretexto para hacer caso omiso al ubicuo múltiplo de las utilidades, la variable más común que indica cuanto se está pagando por el privilegio de hacerse socios de estas empresas. Efectivamente, en algunos casos, ciertas saldrán victoriosas compensando así a los intrépidos inversionistas que han tenido la visión y sagacidad de invertir en éstas, basados en la esperanza, pero *caveat emptor*, no todo lo que brilla siempre es oro y una cruda realidad de la bolsa es que dicha esperanza, a veces, no valdrá un solo centavo.

Del optimismo bursátil han surgido los héroes financieros de la época. Kevin Hassett y James Glassman, en su libro, *Dow 36,000* (New York, 1999), proponen que el Promedio Industrial del Dow Jones subirá a 36,000 puntos en menos de diez años (de un nivel de 11,000 puntos en agosto de 1999). Afirman esto dado que aquella prima de riesgo accionaria incorporada al obtener la tasa esperada de retorno, debe ser nula, en vista de que los inversionistas han realizado que, a través del siglo, se ha comprobado que, al largo plazo, las acciones resultan tan seguras como los propios bonos.

Es común que durante períodos de transición tecnológica como en el que vivimos hoy, se produzca una pronunciada desviación del valor fundamental de las acciones, ante la euforia de los fabulosos tiempos en que vivimos. El 6 de abril del 2000 cuando un analista de 28 años, Thomas Bock de la empresa SG Cowen, ocasionó que las acciones de la empresa de subastas por la Internet en Europa, QXL.com se dispararan más del doble al predecir que dichas acciones podrían llegar a cotizarse a $333.00 en los próximos dos año, de los $27.00 que actualmente se encontraba la acción. De acuerdo al artículo del WSJ.com (*The Wall Street Journal*) del día siguiente, "New Economy, New Math?" (Gregory Zuckerman y Jesse Eisinger), ésta era la primera recomendación del que hace unos años atrás "instalaba teléfonos y arreglaba computadores."

En su excelente libro acerca de el comportamiento sicológico de los inversionistas, *Beyond Greed and Fear* (Harvard Business School Press, 2000), Hersh Shefrin señala hacia un estudio efectuado por Robert Shiller en donde éste representó gráficamente un índice del llamado valor fundamental de las acciones basado en la generación actual de los dividendos (flujo de efectivo hacia la inversión) comparado con un índice de precios de cotización actual. La gráfica ávidamente resalta la separación del precio de las acciones sobre el valor fundamental durante los períodos hacia los años históricos de 1929, 1965, 1987 y 1999, que, con la excepción del último año del siglo pasado, tienden a regresar hacia la línea del valor fundamental. La lección aquí, explica Shefrin, es que la sicología del mercado puede elevar los precios del mercado a valores muy por encima de su valor fundamental, pero éstos, eventualmente, revierten a la realidad. Con el estudio elaborado originalmente en 1996 (fue actualizado en 1999 para el libro de Shefrin), Shiller junto a su asociado, John Campbell, expusieron su investigación el 3 de diciembre de 1996, ante la Junta de Gobernadores del Sistema de Reserva Monetaria de los EEUU. Dos días después, cuenta Shefrin, el Director Ejecutivo del Banco de la Reserva, Alan Greenspan, hizo historia, mezmerizando a la comunidad financiera con la expresión "exuberancia irracional."

La exuberancia racional, según registros históricos, dictaría que empresas cuya tasa de crecimiento es mínima (de 5 a 10%), merecen, por lo menos, un múltiplo de las ganancias por acción, de ocho a diez veces sus utilidades. Después de todo, detrás de esa acción, existe una empresa en operaciones con un valor tangible. Empresas consideradas como cíclicas, generalmente llevan un múltiplo de las ganancias por acción similar a las establecidas, aunque más hacia el bajo rango de 10 veces las utilidades proyectadas. En este caso, es común encontrar empresas cuyo múltiplo corriente se encuentra por debajo del proyectado. Esto se debe a que inversionistas descuentan del precio el hecho de que las utilidades de estas empresas no mantienen una tendencia positiva estable debido a su significativa dependencia a las altas y bajas económicas. Además, de esperar una baja cíclica, las utilidades proyectadas serán menores a las corrientes. Ejemplos los encontramos en industrias de transporte, automóviles, y metales; por lo tanto, habrá casos en donde el múltiplo proyectado será mayor al corriente.

¿Alguna vez escuchó la regla del 72? Una empresa cuya tasa de crecimiento es del 20% ha de doblarse en tamaño en unos 4 años, una con una tasa de crecimiento del 10%, le tomaría unos siete años. Dividiendo 72 entre la tasa de crecimiento obtenemos el período que tomaría en doblarse en tamaño. El acelerado crecimiento de la primera empresa ha de verse de igual manera reflejado en un incremento en el precio de la acción. Por estas empresas, puede esperar pagar 20 veces o más las utilidades corrientes y esperadas. Lo ideal es encontrar compañías establecidas que reporten un crecimiento en sus utilidades actual y proyectado que mientras mayor, mejor. La norma es el 15%, pero las pocas empresas emergentes que se desenvuelven en la economía de la Net, y ya reportan utilidades positivas, registran crecimientos arriba del 50% anual, y en casos de manera trimestral.

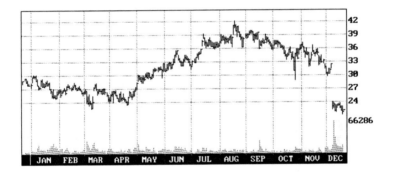

Gráfica de las acciones de Oracle, la cual ed mercado llegó a cotizar hasta 40x sus utilidades en 1997. Desafortunadamente, esta reportó utilidades que no justificaban este múltiplo ocasionando que las acciones se desplomarán casi un 30% en un día. Gráfica cortesía de www.wallstreetcity.com por Telescan, Inc. (281-588-9700).

Claro, mientras menor sea este múltiplo en relación a la tasa de crecimiento anualizada, mejor. Valga anotar, que el múltiplo de las ganancias también es un nivel de medida de riesgo. Mientras mayor sea este múltiplo, mayores son las expectativas del mercado en cuanto al crecimiento de las utilidades y mayores los ajustes (léase volatilidad) ante reportes que afecten las utilidades de estas empresas. En caso que la empresa, al momento de reportar sus utilidades, las reporte por debajo de lo esperado por el *consensus* de los analistas indicando una disminución en la tasa de crecimiento, el precio de sus acciones está ajustado para reflejar esta contracción. El precio disminuye con graves consecuencias para aquellos que llevados por la euforia de las extremas expectativas, pagaron un nivel ilusorio que no justificaba la tasa de crecimiento más optimista cotizada en el mercado.

Antes de cerrar este importante capítulo, repasemos la esencia de lo que representa el mercado accionario. Éste se alimenta de la información que viaja por las vías digitales de nuestra villa global. Incorporando esta información al valor de estos instrumentos se dará su atractivo el retorno (tasa de descuento) que se espera obtener (valor futuro) de un desembolso hoy (valor presente). Pero, el valor de una acción también incorpora factores que son difíciles de cuantificar matemáticamente y que no están registrados en los libros contables de las empresas.

¿Cuánto puede costar una franquicia como la Coca-Cola o la Gillette? ¿Cuánto puede costar la ventaja de ser el primero en el mercado o controlar el 80% de éste? ¿Cuánto puede costar el nombre Amazon.com o Yahoo!? ¿Cuánto puede costar el equipo intelectual de Microsoft, Intel o Lucent Technologies? Quizás las respuestas guardan estrecha relación con en el valor del mercado de estas empresas. Este ha sido el caso de Amazon.com, cuya exuberancia en los '90, puede explicar el valor de *empresas.com* que han venido registrando pérdidas secuenciales desde su fundación. Las ventas de Amazon.com por ejemplo, deberían crecer a una tasa arriba del 50.00% en 10 años para justificar un valor del mercado de casi 18,000 millones a mediados de agosto de 1999. En el caso de Yahoo! y eBay, dicha tasa debería estar por encima del 90% para justificar sus valores de 29,400 millones y 15,400 millones respectivamente. ¡Para poner estas expectativas en perspectiva, Microsoft, la empresa más exitosa de nuestro siglo, ¡ha registrado un crecimiento anualizado en sus ventas en los últimos 10 años del 45%! Dicho esto, debe tener en mente que el valor de una acción no sólo es la sumatoria de sus utilidades esperadas, sino que además a éste se le incorpora el valor de su nombre, su franquicia, su sagacidad competitiva y su capital intelectual. El día que se pueda cuantificar con exactitud el valor de cada uno de estos factores, entonces iniciaremos una nueva era financiera como sucedió en los '50 con la introducción de los modelos teóricos de valuación.

El afamado inversionista, Benjamin Graham, considerado como el padre del análisis fundamental explica en su clásico, *El Inversionista Inteligente (The Intelligent Investor)*: "...la combinación de fórmulas precisas con supuestos altamente imprecisos, puede utilizarse para establecer, o mejor, justificar, prácticamente cualquier valor que uno desee."[17] Asignar un valor exacto a la psicología del mercado es, por ahora, el sueño imposible de los académicos y la justificación de los especuladores.

---

17. Edward Chancellor, *Devil Take the Hindmost* (Nuevo York, 1999), pág. 195.

Quinto Capítulo

El Análisis Técnico

Temas a tratar en este capítulo:

- *De qué trata el análisis técnico*
- *Determinando un nivel de compra o venta de acuerdo a gráficas*
- *Entendiendo indicadores técnicos básicos*
- *Formaciones gráficas*

El Análisis Técnico

Aunque fue Charles Dow con la creación del Promedio Industrial que lleva su nombre él que demostró que la continuidad del mercado se podía representar de forma gráfica, se considera a Robert Edwards y a John Magee como los padres del análisis técnico de la época contemporánea. En su clásico libro, *Análisis Técnico de la Tendencia de Acciones*, definen dicha escuela de estudio como:

> ...la ciencia de registrar, usualmente en forma gráfica, la historia actual de transacciones (cambio en el precio, volumen de transacciones, etc.), en una acción particular o en los indicadores y de esta historia, deducir la tendencia futura probable.

¡Vaya, Confucio describió algo similar hace unos cuantos miles de años atrás cuando dijo que no se puede predecir el futuro sin conocer el pasado!

Bajo la premisa "la tendencia es tu amiga," el analista técnico, buscará una señal óptima para comprar o vender el valor sin dar una importante consideración a los fundamentales de la empresa. Las fluctuaciones diarias se deben a las percepciones de los participantes que ajustan sus expectativas al incorporar nueva información acerca de la empresa a medida que ésta está difundida por los diversos medios de información (la Internet, la TV, las publicaciones, etc.). *La tendencia de la acción es el mejor indicador de toda información sabida y habida acerca de la empresa. Si ésta es positiva, el mercado implícitamente asume buenos prospectos para la empresa y vice versa, cuando se da lo contrario.* Un quiebre de la tendencia, sea positiva o negativa, es una señal de alerta que los fundamentales por la cual los inversionistas han llevado la acción hacia arriba o hacia abajo pueden estar por cambiar. En este caso el analista técnico comprará o venderá la acción de acuerdo a la situación reflejada. Mientras más líquida sea la acción, más efectivo ha de resultar el mecanismo de descuento de información.

Aunque generalmente el perfil del analista técnico va con aquel que tiene un horizonte al corto plazo, hoy por hoy, al efectuar el análisis completo de una empresa, se debe de considerar también su comportamiento gráfico. Sucede que por más atractiva que nos pueda parecer una empresa, una vez hechos los análisis fundamentales aprendidos en el capítulo anterior, no se puede ignorar el voto de confianza que brinda, o no, el mercado a una acción. Este se ve reflejado en las gráficas del comportamiento del precio de la acción. Aunque a largo plazo, el aumento, o la disminución, tiende a seguir la tasa de crecimiento de las utilidades operativas de la empresa, a corto plazo, habrá veces que el precio puede adelantarse considerablemente obviando así la justificación de la inversión al momento. Dicha observación la vimos en la introducción al mencionar la opinión de Mark Mobius, el administrador de Fondos Mutuos de la Templeton, en referencia a las acciones de algunas empresas de la Internet.

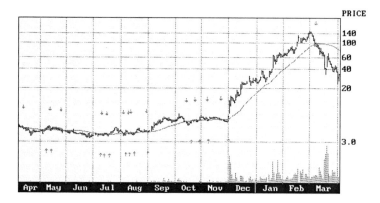

El análisis técnico es una herramienta que nos ayuda a determinar el factor sicológico de los participantes. Observando la gráfica de GeneLogic (GLGC) notamos como la acción llegó a cotizarse hasta una alta de $140.00 de una baja de $5.00 en menos de un año. Subsiguientemente, las acciones se corrigieron hasta una baja de $26.00 al cierre de la gráfica. Gráfica cortesía de www.wallstreetcity.com por Telescan, Inc. (281-588-9700).

El análisis técnico es una herramienta que nos ayuda a determinar el factor sicológico de los participantes hacia los prospectos de una empresa, y como éste afecta la deviación sobre la plusvalía o minusvalía del valor fundamental de ésta, reflejado en el precio de sus acciones. En casos en donde se observa una acelerada y considerable apreciación sobre la *base* de la acción, es decir el rango dentro del cual ésta se ha mantenido cotizada, la acción ya no es tanto representativa del valor real de la empresa sino, más bien, ésta ya se trata como una mercadería en donde el poder de la negociación ha pasado de manos de los compradores a manos de los vendedores, quienes toman ventaja de la desesperación de compradores que temen ser dejados por el tren. Esta situación la podemos ver en la gráfica de GeneLogic (GLGC) durante la corrida eufórica de empresas de biotecnología en el sector de estudios genéticos hacia principios del 2000. La empresa llegó a cotizarse hasta una alta de $140.00 de una baja de aproximadamente $5.00 en menos de un año. Subsiguientemente, las acciones registraron una caída prácticamente a 9.8 mts por segundo hasta una baja de $26.00 al cierre de la gráfica. Tenga en mente que el mercado, tarde o temprano, hechará un balde de cruda realidad y corrige estos excesos, particularmente ante empresas que sin utilidades operativas, particularmente en industrias de tecnología, dan un mínimo soporte fundamental. Para que ocurra una recuperación ante estas correcciones, éstas deben demostrar su capacidad de efectivamente proveer las expectativas del mercado.

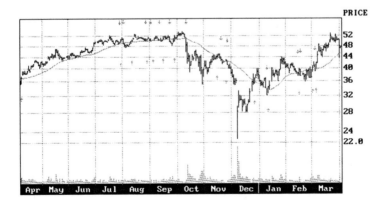

Notaré en la gráfica de Tyco (TYC) que las llamadas capitulaciones representarán buenas oportunidades de compra asumiendo que los prospectos fundamentales de la empresa aun se mantienen positivos. Gráfica cortesía de www.wallstreetcity.com por Telescan, Inc. (281-588-9700).

El comportamiento de una acción a veces nos puede dar indicaciones de algún anuncio de impacto significativo por venir particularmente cuando se dan con repercusiones revolucionarias tanto para la empresa misma como para el desarrollo tecnológico de algún sector. El 6 de abril del 2000, la empresa Celera Genomics Group anunció que efectivamente había elaborado el 99% de la secuencia genética humana lo que eventualmente permitiría a la empresa "publicar" el genoma humano o nuestro mapa genético mediante la unión de los fragmentos literales de la secuencia. Note en la gráfica la recuperación de las acciones un día previo al seminal anuncio acompañado de un gradual incremento en el volumen de transacciones.

Vale notar que así como las acciones llegan a corregirse de excesos extremos hacia arriba, éstas también lo harán hacia abajo cuando ocurren las llamadas capitulaciones destacadas por una notable caída acompañada de volumen sobresaliente. En estos casos, el miedo sobrepone a los participantes pasando entonces el poder de negociación a los compradores quienes aprovechan la "venta de patio" de los nerviosos vendedores, que han olvidado el motivo fundamental por el cual adquirieron las acciones originalmente. Así pues, como notará en la gráfica de Tyco (TYC), muchas veces dichas capitulaciones observadas en las gráficas, representarán buenas oportunidades de compra asumiendo que los prospectos fundamentales de la empresa aun se mantienen positivos. En el caso de Tyco la corrección se debió a un reporte independiente que insinuaba que la empresa utilizaba trucos contables al efectuar sus reportes financieros. Aunque, por un período, tomó tiempo convencer a los inversionistas, dicha aseveración no se pudo confirmar y eventualmente las acciones se encarrilaron hacia una tendencia alcista.

El analista técnico debe mantenerse atento a señales de advertencia—señales técnicas de posible revés en la tendencia. Al observar una gráfica que registra la actividad peculiar de una acción, éste traza primeramente la tendencia de la acción a la vez que buscan aquellos niveles que han servido como punto de atracción para los compradores o para los vendedores para entonces decidir qué niveles se hacen atractivos para seguir dicha tendencia. En el primer caso, éstos se refieren a los niveles de soporte de una acción, mientras que en el segundo, al nivel de resistencia.

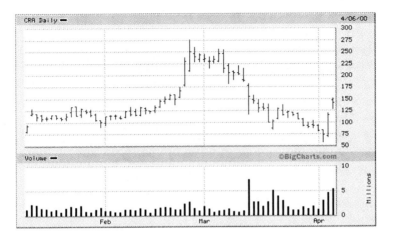

El 6 de abril del 2000, la empresa Celera Genomics Group anunció que había elaborado el 99% de la secuencia genética humana. Note en la gráfica la recuperación de las acciones un día previo al seminal anuncio. Gráfica cortesía de www.bigcharts.com.

Ambas situaciones se marcan en la gráfica de WorldCom, uno de los proveedores más grandes de servicios de data y de voz en el mundo. Al observarla, notará un rango de cotización entre $84.00 y $96.00. El primer nivel representaba un fuerte soporte que atraía a compradores llevando la acción de vuelta casi a sus altas. Tras varios intentos de sobreponerse a aquella resistencia a los $96.00, la acción finalmente cedió el soporte de $84.00 para entonces corregirse y encontrar un nuevo nivel de atracción alrededor de $72.00. Ahora, el soporte de $84.00 se convierte en un nivel que pudiera atraer una ola de venta de aquellos que obtuvieron la acción a $84.00 esperando a que ésta se apreciara hacia los $90.00. Sin embargo, fueron decepcionados con el quiebre y esperan por lo menos salir "al costo." El analista técnico estará observando aquellos niveles de soporte o resistencia que indiquen un quiebre de dicha tendencia bien sea para entrar o para salir de una posición.

En el caso de MCI WorldCom, notará una marcada tendencia alcista que llevó la acción de una baja de $42.00 en octubre de 1998 hasta su alta de $96.00 en marzo de 1999. A esta clase de tendencia se le refiere como una "tendencia lineal." La señal de que esta tendencia al corto plazo no sería sostenible se dió cuando la acción tomó una pausa, trató de sobreponerse a la nueva alta al recuperarse del soporte de $84.00, y al fallar, finalmente cedió aquel soporte, confirmando el tope en $96.00.

Existen diferentes clases de gráficas, algunas con nombres algo creativos. Las más comunes son las de línea, puntos y figuras (*point and figure*), barras y de velitas. Esta última, cuyo origen se atribuye a los especuladores japoneses, se llama así porque al observarla, los rangos de precio parecen dar forma de una vela. La gráfica de puntos y figuras se representa por una combinación de *X*'s y *O*'s. Cuando la acción cierre en baja, esto se denota con la *O*. Cuando el cierre es positivo, el cierre se denota con una *X*. Este método, por cierto, se le atribuye a veces a Charles Dow. La gráfica de barra es la que, por lo general, se utiliza. Mediante una línea vertical, ésta permite observar inmediatamente la alta (tope de la línea) y la baja del día (inicio de la línea), el precio de apertura (demarcado con una pequeña línea horizontal hacia la izquierda) y el precio de cierre (demarcado con una pequeña línea horizontal hacia la derecha).

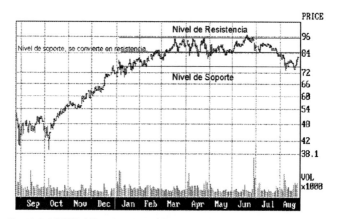

Note en la gráfica de la MCI WorldCom los niveles de soporte y resistencia. Previo al quiebre de los $84.00, esto representaba un nivel que compradores consideraban atractivo, pero una vez quebrado dicho nivel, éste se convirtió en resistencia. No fue hasta los $72.00 que la acción volvió a encontrar un nivel de soporte, siendo ahora $84.00 el nivel que atraería a vendedores. De este nivel, ser sobrepuesto, entonces el analista puede asumir que la acción ha de dirigirse de vuelta a la alta registrada en junio de 1999. Gráfica cortesía de www.wallstreetcity.com por Telescan, Inc. (281-588-9700).

Formaciones gráficas comunes

Al observar una gráfica, el analista técnico busca reconocer formaciones con nombres bastante creativos. Existe un sinnúmero de patrones, que tomaría en sí otro libro dedicado a éstos. Pero las formas más comunes que han de resaltar inmediatamente a la vista son:

Doble baja: esta formación se da al observar una consistente tendencia a la baja, seguida de una pausa. La acción entonces comienza a cotizarse dentro de un rango. Inicialmente ésta trata de recuperarse hacia el primer nivel de resistencia, pero está abrumada por aquellos inversionistas buscando la primera oportunidad de realizar alguna ganancia al comprar cerca de la baja o los que ya deciden tirar la toalla. Ante dicha presión la acción vuelve a ceder, pero al corregirse, se mantiene cerca del primer nivel en donde había hecho la pausa de la tendencia negativa. La acción se empuja nuevamente al nivel que atraía a los vendedores, sólo que esta vez, estos se ponen algo más tercos, y optan por no vender a menos que se les incremente el precio de oferta. La acción entonces rompe la resistencia previa con un incremento considerable en el volumen y vuelve a repuntar hacia arriba. De acuerdo a Thomas N. Bulkowsky en su libro, *Enciclopedia de Patrones Técnicos* (John Wiley and Sons, 2000), esta formación, sorpresivamente, tiene un alto porcentaje (64%) de señales falsas. Esto puede deberse al apuro que tienen los inversionistas en montarse en el cambio de tendencia antes de recibir confirmación del quiebre de la resistencia acompañado de volumen notable. De acuerdo a Bulkowsky, el porcentaje de señal falsa baja al 3% si se espera a dicha confirmación.

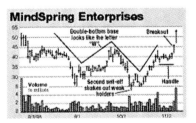

Formación doble baja. Gráfica cortesía de *Investor's Business Daily* (www.investors.com).

Doble tope: la formación de doble baja a la inversa. Aquí se puede observar una consistente tendencia hacia arriba, seguida de una pausa o leve corrección, al registrar una nueva alta. La acción tratará de regresar hacia la alta previa y sobreponerla, pero vuelve y se corrigió hacia el nivel de soporte encontrado la primera vez que tocó la alta. En vez de dar continuidad a la tendencia alcista, ésta quiebra el nivel de soporte, confirmando entonces el posible cambio de tendencia positiva a una negativa. Una señal de alerta a la posibilidad de dicha formación ocurre cuando a la segunda vez de tratar de llegar a la alta previa, sucede con volumen notablemente menor a la primera vez que registró el nuevo nivel, y al corregirse, esto sucede con un incremento en el volumen, particularmente al quiebre del soporte. Vale notar que el hecho de que una acción se corrija al registrar una nueva alta por primera vez, no es indicativo de que se está formando un doble tope. Dicha eventualidad es común y por lo general, en un mercado saludable, la acción se sostendrá sobre el soporte para entonces reanudar la tendencia y quebrar la resistencia, dando continuidad hacia nuevas altas.

Note la formación de doble tope en las acciones de AT&T durante los meses de noviembre y marzo de 1999 al no poder superar la resistencia de $60.00. Gráfica cortesía de www.wallstreetcity.com por Telescan Inc. (281-588-9700).

Tazita con manilla: dicha formación está atribuida al fundador del periódico, *Investor´s Business Daily* (www.investors.com), William O'Neil, al resaltarla en su libro, *How to Make Money in Stocks* (McGraw-Hill, 1988). Esta formación se considera positiva y como verá adelante, da mejores resultados cuando se estudia a períodos semanales. La tazita con manilla ocurre cuando una acción, luego de haber mantenido una tendencia alcista, inicia una corrección gradual para formar lo que se conoce como consolidación. A medida que la acción se va recuperando, se nota una formación semiredonda (la tasa), que culmina en la resistencia previa. En algunos casos, se espera una corrección algo más empinada que la recuperación con forma de taza, pero en un rango dentro o por encima del tope de la tazita. También puede suceder que la acción comienza a consolidarse sobre el tope de la tazita, formando así la llamada *base*. Por lo general, este período puede durar por lo menos siete semanas, aunque vale mencionar que de acuerdo al *Investor's Business Daily*, durante 1996 a 1997, el promedio de duración de las bases fue de 33 semanas. La confirmación se da cuando de repente la acción hace un repunte con fuerte volumen, completando así la formación.

Formación tazita con manilla. Gráfica cortesía de *Investor's Business Daily* (www.investors.com).

Otra formación tazita con manilla. Gráfica cortesía de *Investor's Business Daily* (www.investors.com)

Indicadores técnicos

El problema con efectuar observaciones al "ojo pelao," es su subjetividad y que se hace bastante difícil comprobar su efectividad, ya que no se puede incorporar en un programa de análisis de supuestos, que permita elaborar un plan de estrategia objetivo. Para complementar esta desventaja, se utilizan entonces indicadores calculados de manera cuantitativa. Primeramente veremos las llamadas "tendencias móviles."

Como observará en la siguiente gráfica, dichas tendencias "suavizan" lo que a veces parecen ser movimientos erráticos dentro de la tendencia de la acción. Al igual que la tendencia lineal, el analista técnico clasifica como resistencia y soporte aquellos niveles en donde la acción inmediatamente se recupera (soporte) o cae (resistencia) en la tendencia móvil.

En este gráfico de 1996 a 1997 de Citibank (hoy Citigroup, como resultado de la fusión con el Grupo Travelers en 1998), verá como la acción mantiene una tendencia alcista, la cual se confirma cada vez que ésta se corregía hacia una de las tres tendencias móviles. Dichas tendencias representan el soporte al corto plazo (21 días), mediano plazo (50 ó 70 días, como se da en este caso) y a largo plazo (200 días).

La utilización de estas tendencias es más efectiva cuando se utilizan en combinación. Por ejemplo, una señal de advertencia del quiebre de una alza puede darse cuando la tendencia a corto plazo (21 días) cruza hacia abajo la de mediano plazo (70 días), como bien puede observar en el período de abril. Seguidamente, la acción tanteó la tendencia móvil a largo plazo (200 días) que sirvió como un fuerte soporte y permitió a la acción resumir su tendencia positiva hacia $135.00 para el mes de agosto. Dicho soporte, por cierto, coincidiría con una tendencia lineal positiva que se trazaría de la baja registrada en septiembre hasta el nivel de soporte entre abril y mayo.

Las tendencias móviles pueden servir como "puntos de entrada" o de "salida" si desea "jugar" las fluctuaciones de una acción. Dos situaciones pueden suceder. La primera es que la acción se hala, efectivamente, como en el caso de Citibank mencionado arriba (tendencia positiva), o se empuja (tendencia negativa) hacia la dirección general de ésta, o en un segundo caso, que la acción quede estancada en un rango hasta que la tendencia la alcance y confirme el nuevo soporte o resistencia (dependiendo de la dirección).

Si observa nuevamente la gráfica, notará que la acción tiende a regresar a la tendencia, sea a corto, a mediano o a largo plazo, cuando su precio se aleja demasiado de éstas. Por lo general, en el caso de la tendencia de 21 días y 50 días, esto es del 5% al 10% respectivamente y en el caso de la de 200 días, de un 20%. Con Citibank, notará que la acción trató de sobreponer a finales de marzo los $125.00 alcanzados en febrero. Sin embargo, al no lograrlo, confirmó una fuerte resistencia a este nivel (se refiere a esta formación

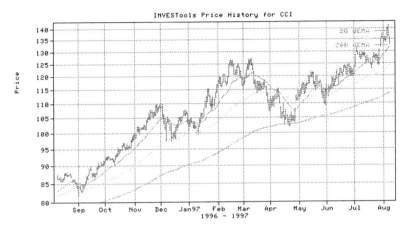

Gráfica de tendencias móviles. *Fuente*: www.investools.com.

como un "doble tope," siendo una señal negativa). Subsiguientemente, se dió una corrección que llevó la acción poco más del 20%
debajo de esta alta, prácticamente al nivel de la tendencia móvil de
los 200 días, que representó un fuerte soporte. De haber quebrado
esta tendencia, la acción hubiese confirmado un giro en su tendencia positiva a largo plazo. Tenga esto en mente si algún día siente
la urgencia de comprar una acción porque "no para de subir."

Se puede calcular la tendencia móvil de tres formas: simple,
ponderada y exponencial (en la gráfica se utiliza el método
exponencial). En el primer caso, se obtiene el promedio aritmético
del cierre de los precios del período y a medida que se agrega un
nuevo día, se elimina el primero, volviendo a calcular el promedio — de allí pues "móvil." Piense en "el primero que entra es el
primero que sale." En el caso del ponderado, el mecanismo es el
mismo que en el caso de la tendencia móvil simple, pero en este
caso, el precio de cierre se multiplica por el día que le corresponde.
Por ejemplo, el precio de cierre del décimo día sería multiplicado
por diez, el noveno por nueve, el octavo por ocho y así sucesivamente. Finalmente, tenemos el exponencial. Éste es un método
algo más sofisticado. A diferencia del ponderado, éste no asigna
un peso por el día correspondiente al cierre si no, que éste está
asignado proporcionalmente al día más cercano al cálculo del pro-

medio. Por ejemplo, el primer día se multiplicaría por 0.30, el segundo por 0.20, el tercero por 0.10 y así sucesivamente. El cálculo manual de estos promedios bien resultaría en un dolor de cabeza, pero en la Internet, sitios como www.bigcharts.com, www.clearstation.com y www.investools.com, proveen gráficas con las diversas clases de tendencia móvil.

La observación de gráficas y tendencias, tanto lineales como móviles, son prácticas para notar importantes niveles de soporte y de resistencia de una acción, cuando ésta mantiene una marcada dirección hacia arriba o hacia abajo. Para complementar el análisis, los seguidores de la escuela técnica incorporan indicadores que confirmen sus observaciones, basados en fórmulas aritméticas algo más sofisticadas, como lo son los llamados osciladores. La complejidad en el cálculo de estos indicadores, está por fuera de la cobertura de este libro pero vale mencionar las que, para este autor, han resultado las más efectivas de acuerdo a la experiencia.

Primeramente, tenemos el *Moving Average Convergence Divergence* (MACD por sus siglas en inglés) o la Covergencia Divergencia de la Tendencia Móvil. La creación de este indicador se atribuye a Gerald Appel. Como su nombre implica, el cálculo de este indicador se deriva de las tendencias móviles, utilizando el método exponencial. La cantidad de días que generalmente se utilizan es de 26 días (largo plazo) y 12 días (corto plazo). Como observará en la gráfica de Affymetrix que aparece en la siguiente página, existen puntos de convergencia entre ambas y dependiendo de la dirección y del cruce de las tendencias a corto y a largo plazo, el analista obtiene la señal de compra o venta de la acción. También, se han de notar divergencias entre la dirección del indicador y la de la acción. Una señal positiva puede darse cuando la acción está en una fase correctiva, pero el indicador cambia su dirección, dándose un cruce hacia arriba de la tendencia a corto plazo, con la de largo plazo estando en la baja del rango (ver gráfica). Como notará, el sistema marca la señal de compra o venta con las "flechas" (dependiendo de la dirección).

En segunda instancia, tenemos la llamada "estocástica." Se creyó dicho indicador George Lane. De acuerdo a John Murphy en su libro de análisis técnico, este indicador está basado en "...la

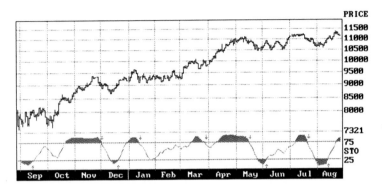

En esta gráfica del Promedio Industrial del Dow Jones que va de septiembre de 1998 a agosto de 1999, se presenta una aplicación de las estocásticas. Al igual que con el MACD, las señales de compra o venta, son marcadas con las flechas. La estocástica en este caso ha resultado bastante efectiva marcando topes y bajas intermedias dentro de la tendencia alcista general del mercado. Gráfica cortesía de www.wallstreetcity.com por Telescan, Inc. (281-588-9700).

observación de que, a medida que los precios incrementan, el cierre de éstos se hará hacia el rango alto de dichos precios. De igual forma, cuando éstos disminuyen, el cierre del precio estará concentrado hacia el nivel bajo del rango."[18] La estocástica nos permite determinar si el precio de una acción se ha llevado a niveles de sobrevaluación o de subvaluación desde el punto de vista técnico, luego de haberse embarcado en una tendencia alcista o bajista sostenida. Cuando esto sucede, la estocástica nos indica: en un período de alza, la sobrevaluación, viceversa en un período de baja, así como una corrección (sea hacia arriba o hacia abajo), cuando es de esperarse. Ahora bien, se debe tener cuidado con esta aseveración, ya que puede suceder que la acción se lleva con el llamado "momentum" y aún cuando el indicador esté señalando hacia un posible tope o baja, podrá aun pasar algún tiempo más hasta que la señal se haga efectiva.

En la gráfica del Promedio Industrial del Dow Jones, se presenta una aplicación de dicho indicador. Notará que el cuadro marca un rango de 25 a 75. Estos son los niveles de subvaluación (25) y sobrevaluación (75). Cuando la estocástica "oscila" en el nivel de 25, notará como en la mayoría de los casos, el indicador

---

18. John Murphy, *Technical Analysis of the Future's Markets: A Comprehensive Guide to Trading, Methods and Applications* (Nueva York, 1986).

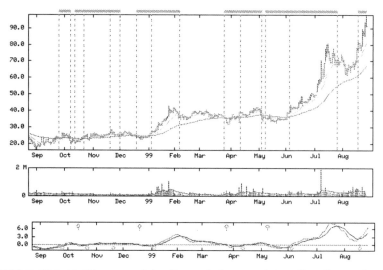

El MACD se utiliza para obtener una señal positiva puede darse cuando la acción está en una fase correctiva, pero el indicador cambia su dirección, dándose un cruce hacia arriba de la tendencia a corto plazo con la del largo plazo y en la baja de su rango (ver gráfica). El sistema marca la dirección esperada con las "flechas," como notará en esta gráfica de Affymetrix obtenida de www.clearstation.com.

tiende a recuperarse de la baja intermedia (diciembre, mayo y agosto). De igual forma, cuando la línea marca el nivel de 75, que implica sobrevaluación, el promedio tiende a corregirse (noviembre, mayo y julio). Prueba de que este indicador no es infalible, se observa en el período a finales de marzo, donde aún cuando se dió una señal de "venta," el promedio mantuvo su sostenida tendencia alcista hasta los 11,000 puntos en mayo. Aún así, la estocástica en este caso ha resultado bastante efectiva marcando topes y bajas intermedias dentro de la tendencia alcista general del mercado.

Como se mencionó, si bien existe un sinnúmero de indicadores técnicos que le pueden ayudar a seguir o extrapolar la tendencia de una acción, ninguno le dará el 100% del tiempo la señal precisa de compra y venta, por sí solo. Si va a tomar sus decisiones de inversiones basado en la oferta y demanda de la acción, como si ésta fuera una mercadería, lo recomendable es utilizar diversos indicadores cuya señal sea conformada por otras como las aquí se mencionaron.

Quizás una de las más útiles aplicaciones del análisis técnico es ayudarlo a determinar cuando vender una acción, sea para limitar una pérdida o realizar ganancias. Por lo general, el quiebre

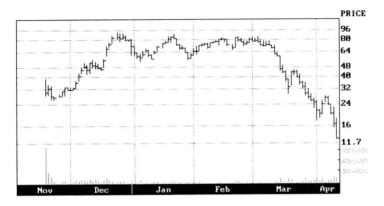

El análisis técnico permite recortar las pérdidas o realizar ganancias ante señales como el quiebre de un soporte importante. Dicha situación se observa cuando las acciones de Sciquest quebraron su importante soporte de $56.00 justo al inicio del debacle del Nasdaq del 2000. Gráfica cortesía de www.wallstreetcity.com por Telescan, Inc. (281-588-9700).

de un soporte, el cambio de dirección en las tendencias móviles, separación considerable de éstas y el respectivo cruce negativo entre una a corto plazo (21 días) y a mediano plazo (70 días) y las señales de revés dado por indicadores técnicos, son consideraciones que debe tomar en cuenta al registrar un incremento substancial en la posición y no quiere arriesgar a que una ganancia del 100% en seis meses se convierta en una pérdida del 50%. Considere que una pérdida de dicha magnitud requiere una ganancia del 100% en su próxima inversión, o una recuperación en la que no vendió para reparar la pérdida. William O'Neil en su libro, *How to Make Money in Stocks*, enfatiza que uno debe limitar sus pérdidas a un 7% u 8% debajo del punto de compra. En períodos correctivos, como sucedió en abril del 2000, dicha estrategia hace sentido. Después de todo, en un mercado como éste, "leves" pérdidas con la "esperanza" de que pronto se recuperará pueden acelerarse a los dobles dígitos y resultar en un costo de capital y oportunidad bastante altos. Siendo humano, esta fue una de las experiencias por las que personalmente he pasado con las acciones de Sciquest, una empresa dedicada a la venta de equipo de investigación científica y médico, a nivel comercial, por la Internet durante el debacle del Nasdaq durante abril del 2000. Para aquellos que quieran entrar más en el estudio técnico, se recomienda www.stocktrendz.com, www.wallstreetcity.com, www.chartpatterns.com, www.clearstation.

Sexto Capítulo

La Bolsa de Valores

Temas a tratar en este capítulo:

- *El concepto de lo que es una bolsa de valores*
- *La evolución de las principales bolsas en los EEUU*
- *La nueva generación de medios electrónicos de intercambio de valores*

La Bolsa de Valores

¿Qué percibe inmediatamente de una bolsa de valores? No me sorprendería que lo primero que venga a su mente es un cuadrilátero de manipuladores capitalistas que se enfrentan unos con otros: ¡los toros contra los osos! Es normal que tenga esta percepción. Ante la falta de un mecanismo regulador eficiente a finales del siglo pasado y a principios de éste, la bolsa de valores en los Estados Unidos se prestaba, más que nada, para que los llamados "barones maliciosos" (*robber barons*) y los especuladores, cometieran sus fechorías de manipulación, dejando al individuo ignorante de las tramas, cargando con el pastel, luego que éstos, realizaban sus ganancias o tomaban control, exitosamente, de empresas con el objetivo de garantizar sus monopolios. Pero, éste es el lado oscuro que los medios sacan a relucir para entrenarnos y dar vida a sus titulares. Como explica Filip Palda, en la introducción al libro *Y No Es Juego* por Lewis D. Johnson y Bohumír Pazderka: "es fácil escribir estos cuentos de horror, pero les hacen falta perspectiva." Si bien, hoy por hoy, aún se dan escándalos y manipulaciones, existen entidades gubernamentales como el Securities and Exchange Commission, que velan indiscriminadamente contra estos abusadores.

La percepción del funcionamiento de una bolsa de valores, entonces ha de ser otra. En un mundo que arrebata el poder paternalista a los gobiernos y cede éste, al flujo de capital privado, debemos entender la función de una bolsa de valores hoy por hoy: ser facilitador de intercambio de capital. En una bolsa de valores, contrario a la lotería, la hípica o el casino, se *transfiere* el riesgo de un participante al otro. En los otros casos, se *crea* o expande dicho riesgo. Aquí, compradores y vendedores dan o no su voto de confianza a los prospectos de una empresa. Este voto se da, llevando el precio de un valor en una tendencia alcista o bajista, lo que entonces determinará el costo de capital que motivará a la entidad de continuar o no con sus planes de expansión. De ser positivas las perspectivas, en el proceso de la subasta, inversionistas y especuladores proveen a empresas un centro (con mayor flexibilidad) para la obtención de capital, cuando métodos tradicionales se sienten aprehensivos hacia empresas emergentes dispuestas a introducir aquellas innovaciones que han de asegurar nuestra continua prosperidad y mejor forma de vida.

Estos inversionistas esperan que les compensen por asumir un riesgo. De no tomarlo, se constituiría en un obstáculo al engranaje del capitalismo, puesto que limita la disposición de capital a la economía productiva, la cual dispone de una pobre diversidad de recursos financieros.

La bolsa de valores es una entidad privada, organizada y autoregulada. El hecho de que una empresa esté listada en una bolsa, no es garantía de su seguridad de inversión. La responsabilidad de la bolsa está limitada a velar porqué exista un mercado líquido y transparente en la cotización de valores. El inversionista, anuente a los riesgos inherentes, es responsable de su decisión al comprar o vender una acción. Aún así, para que una empresa sea listada en una bolsa de valores, debe cumplir con ciertos requisitos exigidos por entidades gubernamentales y la misma bolsa.

En los Estados Unidos existen bolsas en Boston, Chicago, Filadelfia y otros estados, pero las más importantes son la Bolsa de Nueva York (o el New York Stock Exchange) y el Nasdaq. Hoy por hoy, es común que se intercambien unos 1,000 millones de títulos diarios que llegan a totalizar (y sobrepasar) los $16,000 millones en valor total. En días bastante activos, el volumen ha sobrepasado 100 millones de acciones ... ¡por hora! Con la volatilidad registrada aquel abril 4 del 2000, se llegó a registrar un volumen record de más de 1,500 millones de acciones en el NYSE, mientras que en el Nasdaq, la cifra sobrepasó los 2,500 millones. A modo de comparación, durante principios de los años ´80 se intercambiaba un promedio de 50 millones de acciones al día. A agosto de 1999, el valor del mercado de todas las acciones cotizadas en el New York Stock Exchange, ¡excedía los $8 trillones del producto interno bruto de los Estados Unidos! En agosto de 1999, Microsoft tenía un valor del mercado accionario de 425 mil millones, más de lo que valía todo el mercado accionario en 1954. Mientras que a la General Electric le tomó unos 100 años sobrepasar la figura de 300 mil millones, a la "Casa de Bill Gates," le tomó menos de quince años. Esto, refleja los tiempos en que vivimos: el cambio en la estructura económica, de maquinaria física a maquinaria intelectual.

El National Association of Securities Dealers Automated Quotation, hoy se conoce como el Nasdaq Stock Market. Éste se fusionó con el American Stock Exchange (AMEX) en 1998. Hoy día, el AMEX, se caracteriza por listar instrumentos derivados de acciones, tales como opciones y canastas representantes de índices bursátiles y sectores (por ejemplo, los Spyders del S&P 500, el S&P 400, Qubes—QQQ, y los Diamonds entre otros, para aquellos que quieran participar de una canasta representativa de un grupo de valores. (Ver capítulo diez para una explicación detallada de lo que son estos instrumentos bursátiles). El Nasdaq en sí, está subclasificado en el Nasdaq National Market, Nasdaq SmallCap Market y el Over-the-Counter Bulletin Board. En el primero se listan aquellas acciones de empresas que cumplen con los requisitos más estrictos de este mercado. Por ejemplo, que reporten más de $4 millones en activos tangibles, un flote accionario de por lo menos 750,000 acciones (ver capítulo tres) y por lo menos 400 accionistas. Este contiene unas 4,400 empresas listadas. En este submercado hay unas 1,800 empresas listadas. Por su parte, en el Nasdaq SmallCap se cotizan acciones cuyas empresas tienen por lo menos $2 millones en activos tangibles, un flote de 500,00 acciones y 300 accionistas. Finalmente, el llamado BB (*bulletin board*), se considera como el más especulativo de los tres submercados, considerando que aun cuando este pertenece al Nasdaq, su operación es independiente a este mercado. En este, no se exigen requerimientos de listado abriendo las puertas a empresas de dudosa procedencia. Los reportes financieros de estas empresas se hacen al Securities and Exchange Commission. En el BB se listan unas 6,500 empresas.

El centro de operaciones del NYSE y el AMEX está ubicado físicamente en Nueva York. El NASDAQ, como se explica adelante, aunque mantiene oficinas de administración principales en Washington y Nueva York, no tiene lugar físico alguno donde se ejecutan las órdenes. La subasta de valores se da mediante la interconexión de cerebros de silicón.

Si bien, antes que Nueva York, estuvo Amsterdam y su manía de tulipanes, hoy, mientras las ruedas del capitalismo sigan dependiendo de aquellas empresas líderes, cuya gran mayoría se encuentran en los Estados Unidos, debemos de entender su funcionamiento, ya que además, éste marca la pauta que siguen los demás. Para comenzar, demos entonces un viaje a través de la historia.

Un paseo por Wall Street

El nombre de la calle Wall Street (la Calle del Muro), fue inspirado por una barricada de barro y paja erguida en 1653, levantada por Peter Stuyvesant, con la que perseguía proteger a los colonos Holandeses de las incursiones de indios nativos.[19] El área, se utilizaba como guardería de mercaderías. Eventualmente, ésta se convirtió en centro de gran actividad comercial gracias a su posición cercana a un puerto de embarque, Manhattan, en el Estado de Nueva York. En 1789, el primer congreso de los Estados Unidos, autorizó una emisión por $80 millones en bonos que financiaría el costo de la recién finalizada guerra de independencia. Seguidamente, en 1791, el primer Secretario del Tesoro de esta nación, Alexander Hamilton, estableció el Banco de los Estados Unidos y para adquirir capital, ofreció acciones de éste al público. De aquí surgieron los dos instrumentos que hoy día se cotizan en la Bolsa de Valores de Nueva York: los bonos y las acciones. El engranaje capitalista había sido puesto en marcha para impulsar el desarrollo industrial de esa nación.

Para 1792, se registraba la primera corrida bursátil de la historia. ¡En un sólo día se transaban volúmenes de hasta 100 acciones! Todos los días al mediodía la actividad mercantilista se tornaba hacia la capitalista y comerciantes se dirigían a 22 Wall Street dejando sus órdenes con agentes, quienes les efectuaban sus transacciones a cambio de una comisión. Algunos ávidos comerciantes, sólo escuchaban y seguidamente ofrecían los mismos valores a comisiones menores que las que cobraban aquellos agentes,

---

19. Chales R. Geisst, *Wall Street: A History* (Oxford University Press, 1997).

quienes, de igual manera, transaban "debajo de la mesa" vendiendo valores en lugares alrededor de Wall Street. Extraoficialmente, la compra y venta de los valores no ocurría en ningún lugar centralizado. Fácilmente se podía timar tanto a los inversionistas como a los propios corredores. Temiendo la intromisión de estos "vivos," los 24 agentes que formaban el grupo de Wall Street firmaron un documento el 17 de Mayo de 1792, en el cual acordaron que a partir de ese momento, las comisiones serían fijadas, las transacciones sólo se harían entre ellos y no ofrecerían ni comprarían valores fuera del punto de reunión en Wall Street. Irónicamente, el centro donde se ponían en marcha las ruedas del comercio libre había sido monopolizado. (Me pregunto: ¿qué dirían los neoliberalistas al respecto?

El acuerdo se firmó debajo del famoso Árbol de Buttonwood, en 68 Wall Street. Estos 24 agentes fueron los miembros fundadores de lo que hoy conocemos como el New York Stock Exchange, aunque no fue sino hasta 1817, que se le dió el nombre formal de New York Stock and Exchange Board y seguidamente, en 1863, se le dió el ya conocido nombre del New York Stock Exchange. Hasta la fecha, en este mercado se cotizan valores bajo un sistema de subasta a voz abierta, ¡pero el proceso por el cual se ejecutan las transacciones está a miles de años luz de la manera en que se efectuaba hace 300 años!

Aquellos corredores que no podían costear el alto costo de los puestos de bolsa, se veían en la situación de tener que encontrar otros trabajos para poder subsistir, dejando el negocio del corretaje. Para 1850, la actividad de Wall Street y el inflado precio de una membresía, les hacía imposible participar del mercado.

Los más determinados optaron por continuar su negocio como corredores de bolsa desde las esquinas cercanas al centro de la acción, principalmente la de William y Beaver cercana Wall Street. Entonces, se dió inicio al "mercado de la esquina" o *curb exchange*. Hacia finales del siglo XVIII, éstos tuvieron que moverse hacia Broad Street. Los corredores del mercado de la esquina se gritaban las transacciones con aquellos que trabajaban desde oficinas. El problema era que algunas órdenes se perdían en el desorden de la gritería. Así pues, algunos se las ingeniaron con señales de mano y se ubicaban estratégicamente en los postes de luz de las calles con chalecos y atuendos coloridos para llamar la atención de las contrapartes. En momentos de alta actividad, algunos hasta se guindaban de los balcones de las oficinas. (¡Lo que caía a veces no era sólo el precio de la acción! De allí quizás esa loca idea de tirarse del balcón cuando se pierde todo en la bolsa). Finalmente, en 1921, los corredores de la calle obtuvieron su edificio como personas civilizadas y lo que hasta 1953 se conoció como el New York Curb Exchange, a partir de 1928, se llamó el American Stock Exchange. El toque nostálgico no podía faltar: dentro habían postes de lámparas para identificar los puestos correspondientes de cada corredor.

El Nasdaq (www.nasdaq.com), surgió de la necesidad de dar orden al caos en las cotizaciones de acciones de empresas que aún pequeñas, podían ofrecer un gran potencial para sus inversionistas, pero, que al no cumplir con los requisitos del NYSE o el AMEX, se intercambiaban "sobre la mesa" (*over-the-counter*). Es decir, no existía un punto central en donde el corredor pudiese consultar un solo precio del mercado. Este debía llamar diversos contactos para determinar lo que considerase la mejor oferta, lo que tomaba tiempo, y (así como sucedía cuando surgía el New York Stock Exchange, circa siglo XVIII), se prestaba para abusos rampantes entre la compra y venta de valores. En 1971, el National Association of Securities Dealers (NASD) dió a conocer el sistema NASDAQ. Este conecta sistemas de cotización entre las casas de corretaje dando a conocer de manera instantánea el precio de compra y venta de las acciones facilitando así, el proceso de tanteo del mercado al corredor para con su cliente. En 1982, fue introducido el National Market System (NMS) para mostrar el precio de las acciones de empresas más activamente cotizadas y aquellas que cumplen con requisitos de listado algo más estrictos que las que se cotizan en el NASDAQ de empresas pequeñas. Hoy día las transacciones en volúmenes, llegan a superar los múltiples miles de millones de valores intercambiados en el New York Stock Exchange. Ambas bolsas se mantienen en una constante competencia por atraer empresas de vanguardia en su respectivas industrias.

A diferencia del NYSE, el cual utiliza los llamados especialistas como intermediarios entre el corredor que representa al comprador y el corredor que representa al vendedor (ver siguiente capítulo) con tal de mantener un mercado dispuesto, el sistema virtual de esta Bolsa, permite a una cantidad múltiple de participantes, ver al momento y así transar a mejores precios, estimulando así una mayor transparencia.

El sistema nervioso de esta bolsa es un computador ubicado en Connecticut y en caso de emergencia se mantiene otro de soporte en Maryland. Ambos lugares están interconectados por unas 100,000 millas de líneas telefónicas que permiten a más de 3,000 terminales en los puestos de las casas de corretaje, intercambiar los precios de compra y venta de acciones. En diciembre 28 de 1999, se inauguró la Torre Nasdaq MarketSite en la calle de Broadway en Nueva York. El edificio se destaca por un moderno e inmenso mural electrónico que constantemente está bombardeando a los visitantes con cotizaciones, noticias y gráficos relacionados a las empresas cotizadas en este mercado. Se considera al Nasdaq como el embrión de empresas de tecnología de punta, que inicialmente representan un alto riesgo para sus inversionistas, pero que de tener sus productos un impacto en el desarrollo social, el potencial de retorno está conmensurado con este riesgo. Hablamos de acciones de empresas como Sun Microsystems, Microsoft e Intel, que hoy se han convertido en los Blue Chips de la era de la informática.

Redes de comunicación electrónica

1999 Nasdaq Stock Market
(www.nasdaq.com)

En el horizonte, se aproxima un medio que está por trastornar la posición tanto del Nasdaq-Amex, como la del NYSE de éstos no actualizados a la realidad de los tiempos. Este medio son las redes de comunicación electrónica, (ECN's — *Electronic Communications Networks*) que no hubieran sido posibles sin ... la Internet. Dichas redes de cotización han sido creadas por empresas como Island (www.island.com), Archipielago (www.archipielago.com), Redibook (www.redibook.com), Nextrade (www.nextrade.com), Tradebook de Bloomberg y Primex (www.primex.com). Tanto Tradebook como Instinet, están dirigidas al mercado institucional, mientras que en los otros sistemas, el acceso se da por medio del corredor de bolsa, que en su mayoría son los llamados "corredores en línea" que han transformado la industria. Estas "e-bolsas," enfrentan a los establecimientos tradicionales y amenazan con arrebatar su monopolio centralizado de cotizaciones, el cual culmina con el toque de la campana a las 4:00 p.m. — hora de Nueva York. Otros intermediarios financieros que han sido posible gracias a la Internet, son las llamadas bolsas alternas cuya jurisdicción aun no ha sido contemplada por entes reguladores públicos de la industria. Una de éstas es el World's Investors Stock Exchange (www.wise-exchange.com). Dicha bolsa incorpora un complejo mecanismo de garantía de capital invertido utilizando un llamado Garantía Bancaria del Valor de la Acción (*Stock Value Bank Guarantee — SVBG*) en donde un porcentaje de cada acción vendida en este mercado está depositado en un banco a cierto período. La rentabilidad dependerá del tiempo al vencimiento de los certificados los cuales se ofrecen a tres, cinco y diez años.

Suele suceder en tiempos de impacto tecnológico. Tal como pasó durante la era de evolución de estos medios de intermediación durante el siglo XIX cuando, hacia la Guerra Civil de los Estados Unidos, además del New York Stock Exchange Board (como se le conocía al NYSE), existía un sinnúmero de bolsas tanto regionales, como dentro del propio vecindario Neoyorquino en donde se encontraba el *Board*. Irónicamente, con tantos sistemas de ejecución, se pierde uno de los principales motivos de ser de una bolsa: el proveer un medio centralizado de cotización. Esto va dando cabida a las llamadas estrategias de arbitraje, en donde inversionistas aprovechan discrepancias en el precio de una misma acción, comprándola en una bolsa e inmediatamente vendiéndola en la otra, siendo la verdadera diferencia que en vez de dar las órdenes de poste en poste (como sucedía en 1790, cuando se transaba desde Filadelfia a Nueva York), o en clave Morse (con la introducción del telégrafo en 1846), en tiempos Net, la ejecución se da por el *click* del ratón.

No es que el Nasdaq, (la primera bolsa electrónica), se queda con los brazos cruzados. Cotizaciones en lo que se conoce como el pre-mercado (antes de las 9:30 a.m.) y post-mercado (después de las 4:00 p.m.) ya están diseminadas por la cintilla de precios que aparecen en los canales financieros CNBC y CNNfn y servicios de cotizaciones ofrecidos por la Internet como MyTrac y DBC. Dado que este es el medio de intermediación bursátil "e" por excelencia, algunos analistas consideraban que la euforia de las redes de comunicación electrónica, pasaría de moda como los pantalones "pata elefante" de los '70.[20] No necesariamente.

La creación de estas redes tiene su fundación en la iniciativa de la Comisión de Valores y Bolsa (Securities and Exchange Commission) de los Estados Unidos. Para estimular la competencia entre bolsas y crear un medio transparente y justo (ver ejemplo más adelante), para beneficio del inversionista, dicho ente regulador, bajo los auspicios de su director, Arthur Levitt, implementó en enero de 1997 nuevas reglas que permitirían a los participantes dirigir sus órdenes a sistemas automatizados, sin requerir intervención humana o que éstos pasaran por los sistemas de sus corredores (cuando se da el caso de ejecuciones por el Nasdaq). El objetivo siendo entonces eliminar, sino minimizar aquel "diferencial" entre el precio de compra y venta, que por lo general captan los corredores con privilegios para ejecutar ordenes en el Nasdaq o el NYSE y "justificar" sus servicios y la "búsqueda" del mejor precio que el inversionista está dispuesto a pagar. Sitios como www.tradecast.com www.onlinetradinginc.com y www.cybercorp.com, permiten al inversionista seleccionar en cual de las redes de comunicación electrónica enviar la ejecución de su transacción.

Digamos que un comprador desea adquirir acciones de Microsoft hasta un máximo de $100.75, bajo el método tradicional, la orden pasaría primero por el sistema del corredor. Este observa que existe otro inversionista dispuesto a vender la acción a $100.50. Con esta ventaja de información sobre el inversionista, el corredor adquiere la acción a este precio e inmediatamente se la vende al cliente a $100.75, que queda satisfecho ya que éste era el precio hasta el cual él estaba dispuesto a pagar. Su corredor, queda contento también, ya que no solo le cobró una comisión, sino que se quedó con el diferencial de $0.25. Aun cuando la transacción todavía se efectúe por medio del corredor, los ECN fueron creados para

---

20. Gaston F. Ceron, "Nasdaq's Plans Could Signal End of ECN´s, Study Predicts," *WSJ.com* (31 de agosto de 1999).

automatizar el proceso de encuentro entre el comprador y el vendedor, sobrecediendo la ventaja oportunista del corredor, buscando así evitar dichas tramas.

No es que las mismas corredores se quejan más que las propias bolsas, que ven parte de su volumen transferido a estos nuevos medios. Empresas reconocidas como Morgan Stanley, Goldman Sachs, Merrill Lynch, Schwab, DLJ, Fidelity y sistemas de información financiera como Bloomberg, Reuters y Dow Jones, entre otros, están saltando al vagón creando consorcios que apoyan estas redes. Nuevos corredores en línea como Datek— www.datek.com (que fue el primero en implementar el sistema pionero Island), E*Trade (www.etrade.com), MarketXT (www.marketxt.com) y All-Tech Investments (www.alltech.com), ahora están nivelando el juego con los grandes, permitiendo además a inversionistas ejecutar transacciones, inclusive después de las horas comunes de cotización en bolsa. Cualquier incremento en volumen fuera de las horas de cotización normal, y el estimular las transacciones siempre será bienvenida a la rentabilidad de estas empresas. A este paso, la compra y venta de acciones seguirá las pautas que están forzando el entorno social y económico adaptarse a la Internet. El 13 de abril del 2000, en un testimonio ante el Comité Bancario del Senado de los EEUU, el director ejecutivo del Banco de la Reserva, Alan Greenspan advirtió que "si se falla en responder a los cambios tecnológicos, un medio centralizado de transacciones, inclusive el NYSE, se podrá reemplazar por otro sistema que tome ventaja de las nuevas tecnologías para ofrecer mayor eficiencia o proveer nuevas funciones que los inversionistas aprecien más." Gracias al abaratamiento de las telecomunicaciones, la democratización de la información y la Internet, los mercados tradicionales de bolsa están expuestos a la tecnología disruptiva que conlleva hacia un sistema unificado, abierto los 365 días del año, 24 horas al día y ¡que pone en peligro las relaciones matrimoniales de los especuladores! El monumental edificio del New York Stock Exchange quizás se convierta en un atractivo museo de historia del capitalismo del siglo XX.

Séptimo Capítulo

Efectuando la Transacción

Temas a tratar en este capítulo:

- *Requerimientos para transar acciones*
- *Clasificación de corredores*
- *Colocando la orden con el corredor en línea*
- *El proceso de compra/venta en el NYSE y el Nasdaq*

Efectuando la Transacción

"Una vida que no entra en acción, es un fracaso," dijo Arnold Toynbee.

Para comprar o vender acciones en el mercado, uno debe abrir una cuenta con una empresa corredora de bolsa. El proceso es muy similar al de abrir una cuenta en un banco: se completa un formulario en donde se solicita suficiente información con tal de que la firma "conozca a su cliente"[21] por lo general, esta información incluye sus datos personales, referencias, valor líquido y neto, así como una dirección física (no basta con el apartado). En la aplicación de apertura se especifica el lugar de residencia y la nacionalidad del inversionista. También es recomendable una pluma con suficiente tinta para el sinnúmero de firmas que le serán requeridas. Según la regla 405 del New York Stock Exchange, las firmas de corretaje han de obtener "información significativa" de los clientes,[22] de forma que sepan bien con quién están tratando. Toda solicitud de cuenta debe llevar la firma de quienes aplican, incluyendo terceros. El mínimo para la apertura de cuentas ha de variar según la firma.

Otra documentación que deberá incluir, será una copia de su pasaporte, o identificación oficial de su país, referencia bancaria y en caso de inversionistas no residentes (o que sean nacionales de los Estados Unidos), se llena el formulario conocido como el W-8. Dicho formulario se requiere las autoridades fiscales (Internal Revenue Service—IRS) dado el tratamiento tributario que se da a personas extranjeras que invierten en valores dentro de este país.

---

21. Richard J. Teweles y Edward S. Bradley, *The Stock Market*, 5th ed. (John Wiley and Sons, 1987).
22. Ibid.

El objetivo principal del W-8 es comprobar su *status* como persona ciudadana o no residente en los EEUU. Sucede que en este país, las casas de bolsas reportan una vez al año ante el IRS el llamado formulario 1042-S. En este documento se especifica todos los ingresos hacia cada una de las cuentas bajo la tutela de la casa de bolsa. Este ingreso incluiría, por ejemplo, dividendos e intereses devengados de emisiones efectuadas por el mismo gobierno Americano, empresas registradas en los EEUU y Fondos Mutuos. Dividendos pagados por empresas americanas y fondos mutuos están sujetos a una retención del 30% del monto pagado. Por lo general, el interés devengado de valores de rendimiento fijo como bonos y papel comercial emitidos por corporaciones Americanas, al igual que aquellos emitidos por el mismo gobierno, de igual forma estarán exentos del pago del 30% sobre el capital pagado. La excepción se da, a menos que el instrumento adquirido estuviese emitido previo a julio 18 de 1984. Como inversionista extranjero, usted no pagaría impuestos sobre las ganancias de capital de las inversiones en acciones hechas en los EEUU. Pero, dependerá de las leyes locales del país donde vive, si se le exige alguna clase de pago tributario al fisco nacional adicional o complementario a estas transacciones.

Las cuentas con el corredor pueden ser individuales o conjuntas (*joint account*) en donde dos personas tienen la misma potestad sobre el manejo de la cartera. Una variación a este tipo de cuenta es la cuenta conjunta con derecho a sobrevivencia (*joint account with rights of survivorship*), en donde en caso de que una de las partes pase a mejor vida, la potestad total de la cuenta está automáticamente transferida al sobreviviente, cuando se confronte el aspecto legal de la repartición de activos del desparecido. Usted puede, además, conceder un poder limitado del manejo de la cuenta a tercera persona para ejecutar transacciones en su nombre, en lo que se conoce como una "cuenta discrecionaria." Hay que tener cuidado al ceder este derecho a agentes de bolsa ya que esto se puede prestar a abusos por parte del último quien puede aprovechar su libertad de efectuar transacciones a su potestad con tal de generar comisiones. Debe conocerle lo suficiente a su agente para darle esta confianza o debe llegar a un acuerdo, que aún cuando tiene la discreción de manejar la cuenta, el corredor deberá avisarle de la transacción a efectuar.

Mediante su empresa, los corredores actuarán como intermediarios en el proceso de compra y venta de valores aunque como hemos visto, esta función ya se está obviendo los corredores en línea que le permiten accesar directamente los ECN.

Tradicionalmente, servicios de valor agregado que las casas de bolsa ofrecen pueden incluir el análisis de inversiones, recomendaciones, manejo de carteras de inversión, etc. A cambio de actuar como intermediario y ofrecer estos servicios agregados, la remuneración del corredor proviene de las comisiones generadas, cada vez que el inversionista compra y vende un valor. El modelo de comisión en base a un porcentaje del monto total del principal invertido, ha sido transtornado por los corredores en línea, que cobran una tasa fija de menos de $30.00 por transacción, bajando en algunos casos, hasta $4.95 por transacción. Esto, nuevamente, es posible gracias a que los costos de ejecución resultan más baratos cuando se efectúan sin intervención humana.

Aun así, podemos clasificar a los corredores de bolsa así:

Full Commission Brokers — Corredores de comisión completa: Sus comisiones por transacciones son las más altas de la industria. Esto es así, porque proveen una vasta gama de servicios a sus clientes que incluye recomendaciones específicas de compra y venta, reportes de sus analistas sin costo alguno, manejo discrecionario de carteras, asesoría en planeamiento financiero y acceso a ofertas públicas iniciales, entre otros. A cambio, el cliente paga un alto costo por ejecutar sus transacciones que generalmente son entre el 2.5% y 3.0% del total del principal. Los principales en esta categoría son Merrill Lynch, PaineWebber, Donaldson Lufkin Jeanrette, Prudential así como Morgan Stanley, entre otros. Debo decir que este modelo de corredores tiene sus días contados y muchos como Merrill Lynch, DLJ (por medio de DLJ Direct) y Prudential han cedido a la presión competitiva de los corredores en línea, implementando modelos similares de comisiones a ciertos clientes "exclusivos."

Discount Brokers — Corredores de comisiones a descuento: a diferencia de los corredores de comisión completa, este tipo de corredores, al no dar recomendaciones específicas, no mantienen departamentos de análisis e investigación, los que les permite reducir sus costos de operación, lo cual se ve reflejado en menores costos por transacción. El incremento en la competencia entre este tipo de corredores y los de comisión completa, ha ocasionado la expansión de sus limitados servicios, para incluir asesoría en planeamiento financiero y servicios de análisis, en donde el cliente se le da acceso a empresas independientes dedicadas exclusivamente al análisis de empresas. Las que se distinguen bajo esta clasificación son Charles Schwab & Co., Olde Discount, Quick & Reilly, así como Muriel Siebert entre otros. Sus comisiones varían entre 0.50%–1.50% de la transacción, aunque para cuentas activas, estos ofrecen descuentos considerables sobre estas comisiones.

Deep Discount Brokers/Flat Commission Brokers − *Corredores de comisiones bajas/Corredores de comisiones fijas*: estos corredores ofrecen el servicio de compra y venta de valores, pero no desde oficinas físicas, sino por medio de la Internet. Generalmente, se utilizan los inversionistas bastante sofisticados o los especuladores, que no requieren consulta externa en lo que respecta a la dirección de sus acciones o a la elaboración de estrategias. El no tener que mantener personal encargado de atender este tipo de consultas, ni informes financieros o análisis, los ayuda a mantener comisiones extremadamente bajas. Sus comisiones son menos del 0.05% del total de la transacción y en algunos casos, con ciertas restricciones, sólo cobran una tarifa fija de $7.95–$29.95. Algunos de estos se las han ingeniado para no cobrar comisión a cuentas de considerable actividad como lo es www.freetrade.com de Ameritrade. Entre los principales corredores de este segmento tenemos al pionero E*Trade, al grupo SureTrade de Quick & Reilly (www.suretrade.com) y National Discount Brokers (www.ndb.com).

Prácticamente todos los corredores de descuento, permiten a sus clientes ejecutar transacciones por medio de la Internet y complementan sus servicios desde sus páginas *web*, dando acceso a un sinnúmero de reportes e informes de empresas de investigación financiera independientes. Esto permite guiar al inversionista al tomar decisiones de compra o venta de valores.

Una innovadora casa provee un giro a lo que es la adquisición de acciones a descuento. La empresa BuyandHold.com ofrece la oportunidad de efectuar transacciones a un costo de $2.99 con una inversión mínima de $20.00. De esta forma se puede adquirir posiciones fraccionarias en acciones. Vale hacer la salvedad que el objetivo de esta casa no es la de dar un medio para compra y venta inmediata de acciones, sino de proveer un mecanismo de acumulación al largo plazo, lo que lo hace ideal para que niños entren en este mundo desde una temprana edad. En vez de poner la cantidad de acciones a comprar, se pone el monto a invertir y el sistema calcula la cantidad de acciones que se pueden adquirir.

Clase de cuentas

Existen dos clases de cuentas que uno puede mantener con un corredor como persona individual:

Cuentas en efectivo (cash accounts): En este caso al comprar o vender una acción, se utilizan los fondos disponibles en efectivo en la cuenta. El cliente está limitado a utilizar únicamente los fondos disponibles en su cuenta para efectuar alguna compra. El pago o recibo de fondos, según la regulación "T" del Banco de la Reserva de los Estados Unidos, debe ocurrir en un término no mayor de tres días laborables. En caso de que el cliente no cuente con los fondos necesarios al validar la transacción, el corredor podrá liquidarla inmediatemante y responder por sus fondos al corredor representando la otra parte. Si lo que se debe es menor de $500.00, el corredor podrá optar por dar más tiempo al cliente. En el peor de los casos, la cuenta del cliente está "congelada" por 90 días, y cualquier transacción que éste desee hacer, deberá ser precedida utilizando "fondos seguros," es decir, efectivo, un cheque certificado o de gerencia.

Cuentas en margen (margin accounts): Son las más comunes por la flexibilidad que ofrece al permitir la utilización de inversiones como herramienta de apalancamiento. Es decir, si se da el caso de que el inversionista utiliza todos sus fondos líquidos (por ejemplo efectivo), éste aún puede adquirir acciones por un monto mayor al disponible en efectivo. Por lo general, hasta un 50% del valor total de la cartera, aunque recientemente, la volatilidad de las acciones de la Internet y el abuso de apalancamiento por parte de especuladores, ha obligado a algunas firmas reducir el porcentaje prestado sobre el valor de las acciones, o no prestar del todo. Cuando usted mantiene margen, el corredor mantiene las acciones como colateral, según lo estipulado en el llamado "contrato de margen." Digamos que usted tiene una cartera que vale $50,000.00, pero no cuenta con un solo centavo en efectivo. ¡Con el margen, usted aún puede adquirir hasta $25,000.00 más (el 50% del valor de la cartera) para adquirir más acciones, comprarse un carro o hacer el último pago de la hipoteca de su casa! Pero no olvide que el valor del colateral ha de variar y se corre el riesgo de tener que poner la diferencia con tal cumplir con los requerimientos del margen como veremos adelante. Tome en cuenta, que al igual que un préstamo bancario, aquí se le cobrará un interés.

En caso de que uno utilize el apalancamiento disponible, el cual se detalla en estas cuentas bajo el renglón de *buying power* (poder de compra), y el valor de la cartera cae por debajo del valor mínimo requerido por el corredor, la firma podráponerse en contacto con el cliente para notificarle de una llamada de margen (*margin call*). En este caso, el cliente tiene dos opciones: liquidar la posición con tal de obtener los fondos necesarios para cubrir la "llamada de margen," o enviar los fondos en efectivo con tal de llevar la cuenta al mínimo requerido por el corredor. Si el cliente no responde a ninguna de las opciones, la firma, para protegerse, podrá proceder a liquidar los valores en margen del cliente el cual asumirá todos los costos de la transacción sin tener que avisarle.

El contrato de margen, permite a la firma prestar las acciones que tiene el cliente a otros inversionistas que deseen embarcar en estrategias algo más arriesgadas, como lo es la "venta a corto" (*short sale*). Aquí, el inversionista vende acciones que no le pertenecen, con tal de reponerlas a su dueño en un período posterior, pero a un costo menor. Su ganancia es la diferencia entre el precio de venta y el precio de reposición. Imagine pedir prestado $1,000.00 y al momento de regresar el principal, usted paga $800.00 en vez de los $1,000.00. Su ganancia en este caso es de $200.00. En el caso de una venta a corto, se corre el riesgo de que se comunique con usted el corredor para reponer las acciones prestadas, quizás porque su dueño original desea venderlas éstas al embarcar en una tendencia positiva o que ya le están generando una ganancia. Inclusive, si se da el caso de que el precio de éstas ha aumentado sobre el precio que usted las había vendido a corto, le tocará comprarlas de vuelta a un precio mayor, para así reponerlas, registrando una pérdida, que bien podría ser considerable.

Si hay una recomendación que valdrá por mil el valor de su inversión en este libro, es: ¡EVITE UTILIZAR EL MARGEN DIS-

PONIBLE DE SU CUENTA! ¡Tenga en mente que así como puede doblar su ganancia con la mitad de la inversión cuando el mercado va dirigido hacia Proxima Centauri, usted puede perder, no sólo todo su capital, sino también dinero adicional que tendrá que reponer por lo que no le pertenecía, cuando el mercado penetra la capa de ozono de vuelta hacia el núcleo ardiente de la Tierra! Algunos lectores que utilizaron margen para adquirir acciones y habrán pasado por el Masacre de abril 14 del 2000, cuando el Nasdaq caía un record de 355 puntos, sabrán a lo que me refiero. Recuerde que algunas firmas de corretaje, se reservan y tienen todo el derecho de vender las acciones para cubrir la deuda sin previo aviso al cliente de acuerdo al contrato de margen.

Generalmente, para hacer el proceso de transferencia de acciones en el mercado secundario más expedito, las acciones están registradas a "nombre de calle" o "al portador" (*street name*). Esto significa, que aún siendo accionista de la empresa, la empresa no sabe a nombre de quien está el certificado. Toda información, como estados financieros y anuncios de reuniones de juntas de accionistas se envía a la casa de corretaje, la cual actúa como el agente que notifica al cliente de estos eventos. El cliente es el dueño beneficiario mientras que el corredor, el dueño en registro. De igual manera, esto permite a la misma casa de corretaje prestar las acciones de su cliente a terceros que deseen efectuar transacciones a corto, es decir, vender acciones que no les pertenecen.

Colocando la orden para compra o venta

No pasará mucho tiempo cuando la Internet se apodere del teléfono como el medio primordial para que inversionistas pongan la orden de ejecución de sus transacciones por medio de sus corredores de carne y hueso. Es más, hoy día, aquellos que entran por primera vez en el mercado, abren una cuenta y efectúan sus transacciones sin haber hablado en su novata carrera con un corredor humano. Aun así, el teléfono siempre funcionará como un complemento al servicio al cliente, en días que los sistemas de transacción en línea están abrumados por fallas técnicas o cuando tiene alguna duda en cuanto a la ejecución de su transacción.

En el siguiente ejemplo vamos a ir con los tiempos y asumir que las órdenes se han colocado por medio del corredor en línea.

Primero veremos como se llevaría a cabo una transacción de compra y venta de acciones, detrás de las cortinas del NYSE y seguidamente el Nasdaq. Casi todos los sitios de los corredores mencionados anteriormente, dan acceso a cuentas de demostración para que el inversionista pueda familiarizarse con el proceso de compra y venta virtual.

La acción en el NYSE

Le presentó a Juan un ávido trotador que recientemente notó que las acciones de sus tenis favoritas, Nike, parecían no reflejar el potencial de crecimiento de las utilidades ante la introducción de la nueva línea. En algún otro lado del globo, María una exitosa ejecutiva de mercadeo, quien ha mantenido estas acciones desde su graduación de la universidad hace diez años, requiere de capital para abrir su propia agencia de publicidad y desea aprovechar la apreciación de las acciones sobre su costo original para obtener parte de estos fondos. Ni Juan ni María llegarán a conocerse aunque, dadas las circunstancias, ambas personas ahora mismo comparten un interés en común: las acciones de Nike.

Ambos proceden a conectarse a su proveedor de Internet, para entonces dirigir su *browser* hacia www.micorredor.com. Antes de proceder a consultar sus cuentas, el precio de las acciones y colocar las órdenes, deben ingresar su clave y número de cuenta.

Juan con un *click* busca la actual cotización de Nike al ingresar las siglas NKE en la forma de cotizaciones. En su pantalla aparece que el precio de compra es de $60.00 y el de venta es de $60.25, subtitulados bajo *bid* y *ask* respectivamente. Es decir, aquel interesado en vender la acción, desea obtener en ese momento, $60.25 por estas acciones, lo que se conoce como el *ask(ing) price* en lingo financiero. La que desea comprar, está ofreciendo por su parte $60.00, lo que se conoce como el *bid(ing) price*. Es obvio que el vendedor siempre buscará el mejor precio de venta y la compradora de compra, lo cual se verá reflejado en el *bid/ask* de la cotización. Siendo Juan el comprador, su precio de referencia es el del *ask* o sea $60.25.

El símbolo de la acción:

Letras que identifican la empresa cuyas acciones se cotizan en la bolsa. Esto hace más conveniente el manejo de las órdenes de los clientes y el seguimiento del comportamiento de las acciones cuando sus precios son diseminados a través de medios de información.

Se puede determinar en que bolsa se cotiza la acción en base a la cantidad de letras. Por lo general, aquéllas que se cotizan en el NYSE y el AMEX tienen símbolos de tres letras. Las que se cotizan en el NASDAQ tienen símbolos de cuatro o cinco letras.

Por su parte María, interesada en vender, pide el precio actual de Nike, desde su Handspring Visor, obtiene una respuesta similar al toque de la pantallita plástica de aparato portátil. Nike se cotiza actualmente a $60.25 precio de venta (*ask*), $60.00 precio de oferta (*bid*). Por vender sus acciones, el mejor precio que puede obtener María al momento es de $60.00.

Al colocar la orden, ambos deberán seleccionar "*Trade*" o "Transar" y en el formulario que les aparecerá especificar:

Tipo de orden: Si desea colocar la orden para abrir o cerrar una nueva o previa posición, sea de compra o de venta. En nuestro ejemplo, Juan desea colocar una orden de compra para *abrir* una *nueva* posición, mientras que María desea colocar una orden de venta para cerrar una posición previa. Por lo tanto, Juan hace *click* en la selección de *buy* (compra), mientras que María en la selección de *sell* (venta).

Cantidad de acciones: Aquí se introduce la cantidad de acciones a comprar o vender. Antes de colocar la cifra, Juan ya ha verificado la cantidad de acciones que está en capacidad de comprar habiendo visto primero el estado de su cuenta en línea. Por su parte, María buscará en el registro de sus posiciones la cantidad de acciones disponibles para la venta. Algunos corredores en línea proveen la opción de "transar" inmediatamente al lado de cada una de las acciones que aparece en la lista, o cuando se pide una cotización.

Clase de orden: El comprador y el vendedor siempre buscan el mejor precio. Tienen la opción de colocar la orden al:

Precio del mercado: En este caso, la orden se ejecutará al mejor precio en el cual se encuentre la acción, al momento de poner la orden. En nuestro ejemplo, si Juan no tiene inconveniente en pagar por los $60.25 pedidos por la acción al momento, y no cree que el precio se alejará demasiado de este nivel al poner su orden, entonces este puede colocar una "orden al mercado." No habrá garantía de que la orden se cumpla a un precio menor a $60.25 y se corre el riesgo de que esta compra ocurra inclusive a un precio mayor. Para tratar de evitar lo que pudiera convertirse en una "mala ejecución," existe lo que se conoce como órdenes con precio límite.

Precio límite: En este caso, la orden se coloca a un precio específico deseado que bien puede ser el del mercado o mejor. La obligación del corredor es tratar de cumplir con este precio. En nuestro ejemplo, Juan no está apurado en obtener las acciones de Nike a $60.25 e inclusive desea un precio algo más bajo. Éste entonces indica a su corredor que ponga una orden límite de compra de Nike a $60.00 o mejor. Es decir, la orden no se ejecutará a menos que el precio de la acción de Nike toque $60.00, momento en la cual será adquirida, o a discreción del corredor se esperará a que caiga algo más para obtener un mejor precio. Si Juan quiere estar seguro de que va a adquirir las acciones, pero no está dispuesto a pagar un precio que el considere demasiado elevado, éste pudiera poner una orden límite de $60.50, algo arriba del precio actual del mercado, pero que en cuyo caso, las acciones se comprarían a un precio LÍMITE de $60.50 o menos. Esto evita el riesgo de que se adquieren las acciones por un precio demasiado alto a lo que uno estaba dispuesto a pagar. Nótese que el comprador en el caso de órdenes límites busca el precio para su mejor beneficio. En el caso de María, tanto ella como su vendedor, pueden, de igual manera, colocar una orden límite, pero se pondría su orden por encima del actual precio de oferta, en cuyo caso, éste pudiera ser de $60.25 o mayor, tratando con esto, de obtener un mejor precio por la venta.

Órdenes stop: En este caso, se colocan las órdenes a un precio específico y se ejecutarán justo al momento que el precio de la acción llegue a este nivel. Este tipo de órdenes se utiliza activamente los especuladores. Se ponen los llamados "stop mecánicos," de antemano con el corredor para que sean ejecutados automáticamente. Aunque estos, generalmente, se utilizan para limitar pérdidas no garantías de que obtendrán el precio previsto en días volátiles, característicos de "condiciones rápidas" (en inglés, *fast market conditions*). Piense en la siguiente situación: digamos que coloca una orden *stop* para vender NIKE a $55.00, cuando había comprado las acciones a $60.00, esperando así limitar la posibilidad de una pérdida de $5.00 por acción. Si estas acciones abren en el mercado (gap para abajo) por debajo de los $55.00, digamos que a $50.00, se ejecuta su orden automáticamente porque ya el precio "tocó" su stop de $55.00. Esto resultaría en lo que se conoce como un *slippage* o desliz en la ejecución de su orden. Imagine ahora, que su stop se cumple a $50.00 y para colmo de males, como puede suceder, la acción se recupera el mismo día, terminando abajo, pero sobre el precio de su stop original de $55.00.

Un ejemplo, *de tantos de la vida real*, sucedió a mediados de 1997 con las acciones de Intel, el fabricante de cerebros de computadores personales. El 30 de mayo de 1997 la empresa advirtió que sus ventas disminuirían de un 5–10% para el próximo trimestre a reportar, a consecuencia de la transición a los nuevos chips Pentium MMX, que se introducían en el mercado. El día anterior, las acciones habían terminado la sesión en $163.00. Al darse a conocer la noticia, antes de la apertura del mercado, se esperaba que las acciones abrirían unos $14.00 dólares abajo. Una vez iniciada la cotización oficial con la apertura del mercado, las acciones efectivamente cayeron hasta $138.75, lo que ocasionó que todos aquellos que tuvieran puestas órdenes de stop a menos de $160.00, se les fueran ejecutadas hacia la caída a $138.00. ¡Vaya sorpresa! Al final del día, la acción se recuperó más de $10.00, para terminar en $151.50. A los dos meses, las acciones habían aumentado poco más del 30%.

Tiempo que la orden se mantiene en pie: esto puede ser por el día, la semana, meses o hasta que el inversionista cancele la orden o ésta sea ejecutada, en cuyo caso se pone la orden como un *good-till-cancelled order* (GTC), o se mantenga "en pie hasta cancelada." Éstas tienen un período límite de 30 a 60 días, dependiendo del corredor.

Una vez completado los formularios, en el caso de Juan con la instrucción de comprar y en el caso de María con la instrucción de vender, al hacer *click* para enviar las órdenes, a ambos les aparecerá una pantalla para reconfirmar su intención. Si la cantidad de acciones, la clase y tipo de orden están correctas, entonces ambos proceden a enviar la orden al corredor, de no ser así, o si desean cancelar las órdenes, dichas opciones aparecerán también.

Ahora veamos lo que sucede "detrás de las cortinas." Dado que las acciones de Nike se cotizan en el NYSE, utilizaremos este teatro para elaborar la escena. Luego veremos el proceso de haberse dado el caso si se tratará de acciones de Cisco Systems, las cuales bajo las siglas CSCO, notamos que se cotizan en el NAS-DAQ.

El proceso de la transacción en el NYSE

Una vez colocadas las órdenes por medio de la Internet, se instruye al corredor de forma electrónica a COMPRAR 100 ACCIONES DE NIKE, SÍMBOLO NKE AL MERCADO. Igual en el caso de María, solo que su orden lee LÍMITE PARA VENDER 100 ACCIONES DE NIKE, SÍMBOLO NKE, A $60.25. Es decir, ella espera poder vender sus acciones a $60.25 o a un precio algo mayor.

Cuando las órdenes son recibidas por la empresa de corretaje de valores, estas son canalizadas hacia el New York Stock Exchange. Dependiendo de la clase de orden, estas pueden ser dirigidas por los sistemas automatizados hacia el cubículo de la firma en la bolsa o directamente al llamado Puesto del Especialista, mediante el sistema *Super Dot* (*Super Designated Order Turnaround System*).

En el cubículo de la firma, un representante contactará al llamado corredor del piso , sea por beeper, celular, o teléfono quien entonces se encargará de ejecutar las órdenes en el puesto de subasta de las acciones de Nike. Cada empresa cuyas acciones se cotizan en el NYSE, tiene asignado el llamado Especialista. Este es uno de los principales protagonistas de la escena al encargarse de llevar a cabo un mercado ordenado, justo y líquido, al mantenerse dispuesto a comprar y vender acciones correspondientes a su puesto, en caso de no aparecer contrapartes interesadas para cumplir con la venta o compra del inversionista. Los Especialistas que reciben las órdenes por medio del sistema *Super Dot*, ejecutan dichas órdenes en el puesto de subasta de las respectivas acciones, tan rápido como la actividad y el interés en la acción lo permita.

Los corredores de piso, también con órdenes en mano, tantean el mercado. Los que representan a compradores trataran de obtener el mejor precio en nombre de sus clientes ofreciendo (*bidding*) de acuerdo a sus instrucciones de compra, sea una orden al mercado o una orden límite, a un precio de lo que en el momento se pide en el mercado o a un precio por debajo de este. Por su parte, los que representan a los vendedores también tratarán de obtener el mejor precio para sus clientes pidiendo (*asking*) el precio del mercado o de ser una orden límite, un precio algo más alto. En el caso de la orden de Juan, quien quería comprar las acciones de Nike al mercado, de éstas ser ofrecidas por otros participantes en el puesto a $60.38, el corredor del piso que representa su orden, puede ejecutarla y así adquirirlas al mercado. Por otro lado, en el caso de la orden de María, si esta instruyó vender a $60.25 o mejor, el corredor de piso que representa su orden, puede ejecutar la orden a $60.38, vendiéndolas a un precio mayor a los $60.25, que ella esperaba. La confirmación del cumplimiento de las órdenes se envía a sus respectivas casas de bolsa. Ambos clientes son notificados que sus transacciones han sido consumadas tal como fue instruido, en muchos casos instantáneamente (seleccionando "Estatus de Orden" al utilizar el sistema del corredor en línea).

Cada puesto consta de un avanzado sistema de diseminación de información que mantiene al tanto a los participantes de la actividad en el puesto del especialista al segundo. Así mismo, estos modernos sistemas de tecnología de punta rebotan los dígitos de las transacciones al cintillo electrónico, los sistemas de información de las casas bursátiles y a inversionistas individuales pegados con goma loca a los canales financieros o las pantallas de sus PC.

El proceso de la transacción en el Nasdaq

El modelo de subasta del Nasdaq difiere del modelo del especialista utilizado por el NYSE. La característica primordial de este mercado es que al colocarse una orden sea de compra o de venta, ésta no se canaliza a un solo sitio y al final de cuentas, negociada físicamente entre humanos, que en el caso del NYSE, sería el puesto del especialista que representa la acción que se está transando. A colocar una orden de una acción listada en el Nasdaq, se disemina ésta a través de todos los sistemas conectados a la red de esta bolsa electrónica. Mientras que el NYSE es un mercado centralizado, el Nasdaq es un mercado descentralizado.

En el Nasdaq no se tienen especialistas, sino Creadores del Mercado. El especialista tiene como función mantener un mercado líquido, dispuesto a intervenir cuando no aparece la contraparte de la acción que se le ha asignado específicamente a su puesto. Entre tanto puede comprar o vender para el inventario de su propia cuenta (y así tener disponibilidad al actuar como proveedor de liquidez) o colocar órdenes a nombre de casas de bolsa, con tal de que éstas puedan atender diferentes transacciones al mismo tiempo. Por su parte, el Creador del Mercado del Nasdaq, puede competir o no junto a otros inversionistas en la compra y venta de diversos valores. Éste disemina su interés en las pantallas interconectadas al sistema del Nasdaq, aunque no está obligado a cumplir con los precios que pone para negociar.

Las casas de bolsa proveen diversos medios de diseminación de información correspondiente a los precios de compra y venta de valores cotizados en el Nasdaq. El llamado Nivel I y el llamado Nivel II. Por ahora, el Nivel I es el de acceso más común para inversionistas. En éste sólo se presenta el último precio de oferta (*bid*) o de compra (*ask*) de la acción. Por otro lado, el Nivel II, da acceso a inversionistas individuales más sofisticados y a especuladores, a la gama de ofertas de compra y venta con su respectivo volumen proviniendo de varias casas de corretaje y de bolsas electrónicas como los llamados ECN (redes de comunicación electrónica), dando pistas hacia donde puede dirigirse la acción en el día o al momento de colocar la orden. El Nivel II ofrece una mayor ventaja de transparencia y si desea entrar al fascinante mundo de especulación diaria, éste es el sistema al que debe tener acceso. Anuente a esta situación, y para poder acaparar un mercado más activo y así compensar por la deflación en el costo de comisiones ante la guerra competitiva que se tienen empresas como Datek Online (www.datek.com), Cybercorp.com y Tradecast.com estas dan sin costo adicional, acceso a sus clientes activos a este Nivel, y en algunos casos, les permite dirigir sus órdenes automáticamente al mejor postor de compra o venta, sin tener que canalizarse a través de un creador del mercado que ejecuta sus transacciones a través del Nasdaq.

La flexibilidad y creciente competencia de los ECN's obligó al Nasdaq Stock Market incluir las cotizaciones de estos vehículos de transacciones electrónicas en las pantallas centrales de su sistema mediante el sistema de Nivel II descrito previamente.

El Nivel II es un pantallazo general de una acción en particular. Aquí se observan las órdenes de interés de Creadores del Mercado, sus clientes y los clientes de las ECN's (redes de comunicación electrónica).

SPLS NASDAQ

BID	BIDSIZE	ASK	ASKSIZE	LAST
↑ 19 3/4	1	↓ 19 13/16	10	19 13/16
PCLOSE	HIGH	LOW	CUMVOL	NET
21 15/16	20 1/8	18 5/8	17,755,500	2 1/8

Name	Bid	Size	Name	Ask	Size
CANT	19 3/4	1	ARCA	19 13/16	10
INCA	19 3/4	31	GSCO	19 13/16	10
REDI	19 3/4	3	HRZG	19 13/16	1
PWJC	19 3/4	10	MLCO	19 13/16	10
ISLD	19 3/4	13	DBKS	19 13/16	1
MADF	19 3/4	11	MONT	19 13/16	10
SBSH	19 3/4	10	ISLD	19 13/16	19
ARCA	19 11/16	10	MASH	19 7/8	1
DEAN	19 11/16	10	MDLD	19 7/8	10
GSCO	19 11/16	10	BEST	19 7/8	10
SLKC	19 11/16	1	JEFF	19 7/8	1
BRUT	19 11/16	3	SLKC	19 7/8	1
MSCO	19 5/8	10	MADF	19 7/8	3
USCT	19 5/8	2	SBSH	19 7/8	10
FBCO	19 5/8	10	STRK	19 15/16	40
PRUS	19 5/8	1	BRUT	19 15/16	2
MLCO	19 5/8	10	PWJC	19 15/16	10
MONT	19 5/8	10	BTRD	19 15/16	10
SWST	19 9/16	1	JPMS	20	1
NITE	19 9/16	10	SWCO	20	10
HRZG	19 9/16	1	NFSC	20	1
BEST	19 9/16	1	DLJP	20	10
AGED	19 1/2	1	FBCO	20	10

OPEN	UVOL	DVOL	PVOL	VOLUME1
18 11/16	253,500	251,200	5,637,000	1,000

Pantalla del Nasdaq Nivel II de www.nextrend.com.

Utilizando un ejemplo, se simplificará la explicación de porqué el Nivel II es más efectivo. Digamos que Schwab es un creador del mercado para las acciones de Cisco, y éste anuncia una intención de compra de 1,000 acciones a $75.00 posteando a través del Nasdaq un *bid* de $75.00 mientras Merrill Lynch está ofreciendo comprar 1,500 a $74.875 y un operador de las llamadas redes de comunicación electrónica está ofreciendo adquirir 7,000 acciones a $74.625. Todas estas intenciones aparecerán en una pantalla con el respectivo código correspondiente a la parte o el corredor que anuncia su interés. El cliente que tiene acceso solamente al Nivel I, verá anunciado el primer precio de $75.00. Pero note que hay mayor demanda a niveles más bajos (1,500 a $74.8975 y 7,000 a $74.625 contra tan solo 1,000 a $75.00), y a medida que se van cubriendo las órdenes, esto ocurre con *ticks* de oferta hacia abajo. Esta observación da indicaciones de que el poder de negociación lo tienen los compradores que es indicativo de una posible tendencia a la baja.

Con tal de proteger al "pequeño" inversionista, el Nasdaq requiere que todas las firmas de corretaje que son creadores del mercado, se subscriban al llamado sistema SOES—Sistema de Ejecución para Pequeñas Órdenes (*Small Order Execution System*). Dado que el inversionista que no tiene acceso al Nivel II, esta en desventaja con aquellos que sí pueden observar las intenciones de compra y venta de la acción en el momento, este sistema automatiza la ejecución de órdenes menores a 1,000 acciones, dirigiéndolas automáticamente hacia la mejor oferta posteada. En busca de integrar la disparidad que pueda darse al tener un mercado paralelo a consecuencia de los ECN's, el Nasdaq pretendía introducir el llamado sistema SuperMontage incorporando ejecución automática de todas las bolsas electrónicas.

Vale notar que al igual que con órdenes en el NYSE, la orden colocada por medio de la Internet en casas de bolsas tradicionales como Schwab, DLJOnline, Ameritrade y E*Trade, o los llamados creadores del mercado, pasan por sus sistemas primero, para entonces estar posteadas en el Nasdaq. Las casas emergentes de bolsa como Datek, Tradecast y Cybercorp, permiten ejecutar las órdenes directamente sin pasar por el centro de nervios del Nasdaq utilizando las ECN's.

Octavo Capítulo

Los Indicadores Bursátiles

Temas a tratar en este capítulo:

- *Descripción e historia de los principales indicadores*
- *Descripción de los promedios del Dow Jones*
- *Descripción de los indicadores de la Standard & Poor's*
- *Descripción del indicador Compuesto del Nasdaq*
- *Otros indicadores*

Los Indicadores Bursátiles

Los indicadores bursátiles se utilizan para determinar la variación de un grupo de acciones de empresas, representativas de alguna industria o sector en particular. Se pueden referir a éstos como índices o como promedios, dependiendo en la forma que se calculan, aunque generalmente se les llama "índices." Estos indicadores no están limitados a contener acciones de empresas cotizadas en el mercado de los Estados Unidos. Ante la globalización del flujo de capital privado, ha surgido una plétora de indicadores del comportamiento de Bolsas y diversos valores a lo ancho y largo del globo.

Indicadores bursátiles internacionales

El Industrial del Dow Jones de 30 empresas en los EEUU
El Standard & Poor's de 500 empresas en los EEUU
El FTSE 100 de Londres
El Nikkei 225 de Japón
El Dax de Alemania
El CAC de Francia
El IPC de México
El Bovespa de Brasil
El Merval de Argentina

Gracias a éstos, se pueden observar las tendencias generales de las acciones cotizadas en diversas bolsas y sectores de industrias y economías. Esto permite a inversionistas y administradores de fondos de inversión, efectuar un análisis de consideración en varios mercados para diversificar sus activos. Al éstos estar conformados por acciones de empresas que se desenvuelven en diversas industrias o sectores, y dado que el mercado es un mecanismo de descuento, aplicando observaciones técnicas y fundamentales, las tendencias de los índices nos permiten obtener una perspectiva de lo que se espera del ambiente social, político y monetario, con capacidad de influir en las operaciones de las empresas y así determinar si el nivel de valuación del mercado en general ésta sobreextendido o no.

Existen dos tipos de indicadores bursátiles: los "promedios" y los "índices." En el primer caso, éstos se calculan en base a un promedio aritmético simple, del precio de sus componentes, e.g., el Promedio Industrial del Dow Jones. Aquí mientras más alto es el precio de la acción de uno de sus componentes, mayor es la influencia sobre la fluctuación general del promedio. Este tipo de indicador busca mantener una continuidad histórica en base al valor original desde su incepción.

Por otro lado, los índices bursátiles se expresan en relación a un período, al cual se le ha asignado un valor base. Se calculan en base al promedio del valor del mercado de sus componentes. En este caso, mientras mayor sea el tamaño de la firma, según su capitalización del mercado, mayor influencia tendrá las fluctuaciones de sus acciones sobre el valor del indicador.

La familia Dow Jones

Antes que nada, una aclaración: el Promedio Industrial del Dow Jones, no es el mercado. Si quisiéramos saber como se ha comportado éste, tendríamos que observar el comportamiento del New York Stock Exchange Composite Index el cual incluye el valor de las acciones de todas las empresas cotizadas en esta bolsa o el Wilshire 5000 de la Wilshire Associates (www.wilshire.com) el cual comprende las 7,000 y pico de acciones de empresas cotizadas en las principales bolsas de los EEUU. El valor del mercado de los componentes del Dow si acaso suma el 20% del valor total de aquellas acciones de empresas cotizadas en el NYSE. Entonces, ¿porqué al hablar del "mercado" nos referimos primeramente al Dow? Como me decía un profesor de la escuela "hazte fama y acuéstate a dormir."

Charles Dow revolucionó la manera de analizar acciones. Gracias a su indicador, se fundó la llamada escuela de análisis técnico, que como aprendimos en el capítulo quinto ayuda a los inversionistas a elaborar gráficas para preveer la continuidad del mercado, en base a las tendencias y señales que esta dirección da, en cuanto a las perspectivas económicas de una nación. Hoy, cuando el individuo común desea saber cómo está el mercado, intuitivamente se le responde con el nivel del Promedio Industrial del Dow Jones. Así pues, la tradición de haber sido la primera herramienta para obtener un pulso del estado general del mercado, se ha mantenido hasta ésta, la Era de la supercarretera de la información. ¡Hazte fama y acuéstate a dormir!

Los promedios del Dow Jones fueron la creación de uno de los fundadores de la publicación más conocida en el mundo financiero: *The Wall Street Journal.* Charles H. Dow, venía compilando desde 1884, una lista del comportamiento de acciones de 11 empresas, en su mayoría, ferroviarias, las cuales, eran representativas de una de las principales industrias de la Era de las Tuercas y Tornillos. El 26 de mayo de 1896, Dow dió a conocer su innovadora herramienta para que inversionistas pudieran comprender del comportamiento de las acciones en general, puesto que no existía un método racional para obtener el pulso del mercado en conjunto. ¿Qué mejor manera de hacerlo que utilizando un registro de la variación del precio de las acciones de las empresas (monopolios) que a su parecer, tenían el dominio de la economía nacional? Para ese entonces, ya existían dos promedios: el Promedio Dow Jones Ferroviario, ahora conformado por 20 empresas, y el ubicuo Promedio Industrial de Dow Jones, que originalmente, sólo incluía 12 empresas.

Dado que Bill Gates no estaba siquiera planificado entre su dinastía familiar, a falta de hojas de cálculo electrónicas, el Sr. Dow, sencillamente[23] sumaba el precio de cierre de los componentes y los dividía entre la cantidad de éstos. De allí pues, un promedio aritmético simple. En 1916 se incrementó la cantidad del Promedio Industrial a 20 componentes y en 1928, se incrementó la lista a 30 empresas. En 1929 se presentó el promedio de Servicios

---

23. *Sencillamente* ya que hoy día, la tecnología ha permitido efectuar estos cálculos de manera casi instantánea, con tan solo ingresar o transmitir dígitos a una hoja de cálculo o sumarlos y dividirlos con una calculadora. ¡Pero imagine el trabajo de calcular este promedio todos los días utilizando un lápiz como impresora y un papel como pantalla!

Utilitarios (Luz & Agua) del Dow Jones, que originalmente tenía 18 componentes. Hoy, éste, está compuesto de 15 empresas, dedicadas en su mayoría, a prestar servicios eléctricos.

Componentes del Promedio Industrial del Dow Jones al año 2000

Empresa	Símbolo	¿Qué es?
1. Alcoa	AA (NYSE)	Fabricante Metalúrgico
2. American Express	AXP (NYSE)	Conglomerado Financiero
3. AT&T	T (NYSE)	Conglomerado Telecomunicación
4. Boeing	BA (NYSE)	Fabricante Aviones, Equipo Militar
5. Caterpillar	CAT (NYSE)	Maquinaria Pesada
6. Citigroup	C (NYSE)	Conglomerado Financiero
7. Coca-Cola	KO (NYSE)	Bebidas no Alcohólicas
8. DuPont	DD (NYSE)	Compuestos Agrícolas y Nutrición
9. Eastman Kodak	EK (NYSE)	Productos Fotográficos, Media
10. ExxonMobil	XOM (NYSE)	Conglomerado Petrolero
11. General Electric	GE (NYSE)	Conglomerado Industrial
12. General Motors	GM (NYSE)	Fabricante de Autos, Equipo
13. Hewlett-Packard	HWP (NYSE)	Equipo Procesamiento de Datos
14. Home Depot	HD (NYSE)	Tiendas "hágalo Ud. mismo"
15. Honeywell Int´l	HON (NYSE)	Sistemas de Aviación, Militares
16. Intel	INTC (Nasdaq)	Semiconductores PC, Redes
17. Int´l Business Machine	IBM (NYSE)	Equipo Procesamiento de Datos
18. International Paperl	P (NYSE)	Fabricante Derivados de Bosque
19. JP Morgan	JPM (NYSE)	Servicios Financieros
20. Johnson and Johnson	JNJ (NYSE)	Higiene Personal, Medicamentos
21. McDonald's	MCD (NYSE)	Casa del Famoso Big Mac
22. Merck	MRK (NYSE)	Conglomerado Fármacos
23. Microsoft	MSFT (Nasdaq)	Conglomerado Informático
24. Minnesota Mining Manuf.	MMM (NYSE)	Productos Industriales y Consumo
25. Phillip Morris	MO (NYSE)	Cigarrillos, Alimentos y Bebidas
26. Procter & Gamble	PG (NYSE)	Higiene, Medicamentos General
27. SBC Communications	SBC (NYSE)	Telefonía Local, Internet, Cable
28. United Technologies	UTX (NYSE)I	Industria Aeroespacial, Aviación
29. Wal-Mart	WMT (NYSE)	Tiendas de Descuento
30. Walt Disney	DIS (NYSE)	Conglomerado Entretenimiento
		http://indexes.dowjones.com

En 1928, los editores de *The Wall Street Journal* introdujeron una nueva manera de hacer ajustes al promedio, para así mantener su continuidad histórica ante reemplazos de sus componentes cuyas acciones difieren en su precio o se da la declaración de algún *split* o dividendo especial. Por ejemplo, una empresa cuya acción está valorada en $75.00, declara un *split* de 3:1. Esto ocasionaría que el precio de la acción se reduzca a $25.00. Esta "disminución" en el precio de la acción a consecuencia del *split*, habría de tener un efecto negativo, pero "ilusorio" en el nivel del promedio. Para evitar entonces que revisiones y cambios en sus componentes ocasionen una interpretación irreal de la variación del indicador, el divisor del promedio va siendo ajustado. Si desea obtener el último valor del divisor, puede referirse al sitio de la Internet de Dow Jones en www.dowjones.com. Valga anotar que si bien nos referimos a él como un divisor, notará que en realidad, éste tiene un efecto multiplicador. Si la suma del precio de la acción de los 30 componentes del Dow resulta $2,271.14, estando el divisor en 0.29121033 a mediados de 1997, el promedio ha de situarse en 7,800 puntos ($2,271.14 / 0.29121033). Si lo hubiéramos calculado en base a un total de 30 componentes, como se calculaba el promedio originalmente, el resultado sería de apenas 76 puntos, resultando en un nivel fuera de la continuidad histórica del indicador bursátil. Al 17 de febrero de 1999 el divisor se situaba en 0.24275214. Para actualizaciones, se puede ir a la página *web* http://indexes.dowjones.com.

En la tabla adjunta se listan los componentes del Dow Jones al 2000. Las famosas Blue Chips, llamadas así porque en el Poker, la ficha azul es la más valiosa.

Pero, esto no significa que su estatus, como tal, está garantizado. Quizás hoy sea muy difícil pensar que algún día un McDonald´s deje de ser un ícono del poder económico Americano, pero nada es imposible.

Por algún motivo en determinado momento, estas empresas, podrán dejar de ser consideradas por inversionistas como las más aptas a los tiempos, estables y seguras, desapareciendo así de la lista. La compañía John Mansville, que tuvo que declararse en quiebra durante los ´80 formó una vez parte del privilegiado grupo. Ésta fue reemplazada en 1982 por la American Express. ¿Recuerda los tiempos en que la Chrysler tuvo que implorar al Senado Americano por fondos para poder subsistir? Ésta fue reemplazada por Merck en junio de 1979. Walt Disney reemplazó a Navistar, una empresa que surgió de la restructuración de International Harvester luego que esta empresa se declarará bajo protección de quiebra en los ´80. De las 12 empresas originales que componían el indicador, únicamente la General Electric ha sobrevivido la prueba del tiempo. En 1997 la Westinghouse Electric, que ahora se conoce como la CBS, la sacaron de la lista junto a la Texaco, Woolworth y Bethlehem Steel. Éstas fueron reemplazadas por la Johnson and Johnson, Wal-Mart, Hewlett-Packard y Citigroup. Para noviembre 1999, y en un hito histórico, se decidió romper con la tradición de 103 años de sólo considerar acciones de empresas listadas en el NYSE y así incluir acciones de empresas de la Nueva Economía cotizadas en el Nasdaq. Estas fueron Intel y Microsoft. Es más, en honor a la transición del modelo económico de labor y capital a intelecto y capital, el reporte anual del Dow Jones de 1999 fue patrocinado por el Nasdaq Stock Market, el mercado destacado por su predominancia de empresas tecnológicas. De igual forma se incorporaron a la familia Home Depot y SBC Communications. Los nuevos integrantes reemplazaron a la Chevron, Goodyear Tire, Sears y Union Carbide. Los editores de *The Wall Street Journal* guardan el derecho del promedio y están a cargo de seleccionar los componentes de la lista. Otro evento de relevancia histórica fue cuando el Dow pasó por primera vez el llamado "nivel sicológico" de los 10,000 puntos. En marzo 29 de 1999 éste terminó en 10006.78. No pasaron ni dos meses cuando el 3 de mayo éste cerraba en 11,014.69.

Si ser miembro de este promedio, es una consideración al invertir en este tipo de empresas, tenga en cuenta que al cambiar los tiempos, los miembros de este indicador podrán hacerlo también.

La familia Standard & Poor's

En 1957 surgió el Standard & Poor's 500 (SPX). Este indicador incluye empresas de diversas industrias cuyas acciones se cotizan en las principales bolsas de los Estados Unidos y se considera como un mejor indicador del estado general del mercado al incluir 500 de las empresas cuyas acciones se consideran como las más líquidas y de mayor capitalización. Profesionales e instituciones de administración de fondos mutuos, utilizan el Standard & Poor's 500 (S&P 500) para comparar los retornos obtenidos por el manejo de carteras de sus clientes. De igual manera, cuando se utiliza el Beta como una medida de ver qué tan sensible es una acción en relación a la variación del mercado, por lo general, "el mercado" se refiere a este indicador. Ya que esta clase de indicador se calcula en base al valor del mercado de una empresa, dada su capitalización (a diferencia de los promedios del Dow Jones), cuando se da el caso de algún *split* en uno de sus componentes, este no tiene que ser ajustado para poder mantener su continuidad. Por ejemplo, una compañía que tiene 100,000 acciones en circulación y el precio de sus acciones en el mercado es de $100.00, tiene una capitalización del mercado de $10 millones. Si la compañía declara un *split* de 2:1, su capitalización se mantiene en $10 millones, es decir, 200,000 acciones por $50.00 siguen siendo $10 millones.

En marzo de 1983, el Chicago Board Options Exchange, creó un derivativo basado en 100 empresas que componen el Standard & Poor's 500 y cuyas opciones se cotizan en esta bolsa. Originalmente este indicador se llamó el CBOE 100, pero en julio del mismo año, se cambió su nombre al Standard & Poor's 100 (OEX). Otros índices importantes dentro de esta familia creados para observar el comportamiento de diversos sectores según el tamaño de la empresa (en base a la capitalización del mercado) son el S&P 400 de empresas medianas (capitalización menor a los $5,000 millones) y el S&P 600 de empresas pequeñas (capitalización menor a los $1,000 millones). Una lista de los componentes de todos estos indicadores puede ser encontrada en www.stock-info.standardpoors.com.

La familia del Nasdaq

Caracterizado por su volatilidad, dado que sus componentes representan predominantemente empresas emergentes y de alta tecnología, el Compuesto del Nasdaq (CCMP) es el indicador representativo de las acciones de empresas cotizadas en esta bolsa electrónica. Éste parte de una base 100 en el año de 1970 y se hizo público en 1971. Este índice incluye unas 5,000 acciones de empresas cotizadas únicamente en el Nasdaq. Otro indicador introducido en 1985, es el Nasdaq 100 (NDX). Este incluye 100 empresas no financieras listadas en este mercado, cuya capitalización es de por lo menos $500 millones y tienen un volumen transado promedio diario de por lo menos 100,000 acciones. Una lista de sus componentes puede encontrarse en www.nasdaq.com.

El resto del clan

Otro índice que también es bastante seguido y mencionado en los medios financieros, es el New York Stock Exchange Composite

Index (NYA). Este incluye todas las acciones de empresas cotiza-das en el NYSE, pero se calcula de manera similar al Standard & Poor's 500, es decir, es un índice basado en la capitalización del mercado de las acciones. Como se mencionó previamente también está el Wilshire 5,000 de la Wilshire Associates (www.wils-hire.com), de igual forma calculado de acuerdo a la capitalización del mercado de sus componentes. Este indicador incluye todas las acciones de empresas cotizadas en las bolsa de los EEUU. Como se mencionó al principio de este capítulo, existe una plétora de indi-cadores que nos ayudan a seguir el comportamiento del mercado en general. En la tabla puede observar algunos de los tantos índi-ces disponibles que le pueden ayudar a determinar el comporta-miento específico de cierta industria o sector. Para mantenerse al tanto de la tendencia de las industrias de su interés, puede utilizar los símbolos e incorporar los indicadores a servicios de seguimien-tos de carteras que ofrecen sitios de Internet como www.stocks-mart.com, www.my.yahoo.com/ticker.html, www.moneynet.com y www.wallstreetcity.com. A continuación, brindo una lista par-cial de éstos.

Indicador	Símbolo	Industria/Sector/Tipo
AMEX AIRLINES INDEX	XAL.X	Transporte Aéreo
AMEX NATURAL GAS INDEX	XNG.X	Distribución de Gas
AMEX OIL INDEX-AMER STYLE	XOI.X	Distribución de Petrolero
AMEX RETAIL INDEX-EURO	RTL.X	Ventas al Detal
AMEX S&P MIDCAP 400 INDEX	MID.X	Empresas Medianas
BIOTECHNOLOGY INDEX-EURO	BTK.X	Empresas Biotecnología
Inter@ctive Week Internet Index	IIX.X	Empresas de Internet
NASD 100 INDEX	NDX.X	Empresas Tecnología del NASDAQ
NETWORKING INDEX	NWX.X	Empresas de Redes
NYSE FINANCIAL INDEX	NF.X	Empresas Financieras NYSE
NYSE INDUSTRIAL INDEX	ND.X	Empresas Industriales NYSE
NYSE TRANSPORTATION INDEX	NV.X	Empresas Transportes NYSE
PHARMACEUTICAL INDEX-EURO	DRG.X	Empresas Farmacéuticas
PHLX BIG CAP SECTOR INDEX	MKT.X	Empresas Mayor Capitalización
PHLX GOLD & SILVER-AMER	XAU.X	Procesadores de Oro/Plata
RUSSELL 2000 INDEX	RUT.X	Russel 2000. Emp. Pequeñas
RUSSELL 3000 INDEX	RUA.X	Russel 3000. Emp. Pequeñas
S&P 100 INDEX	OEX	Standard & Poor's 100
S&P 500 INDEX	SPX	Standard & Poor's 500
S&P BANKS SECTOR INDEX	BIX.X	Instituciones Bancarias
S&P CHEMICAL SECTORS INDEX	CEX.X	Empresas Químicas
S&P INS SECTOR INDEX	UX.X	Aseguradoras
SECS BROKER/DEALER INDEX	XBD.X	Empresas Corredoras de Bolsa
SEMICONDUCTOR SECTOR INDEX	SOX.X	Equipo de Semiconductores

Fuente: www.wallstreetcity.com por Telescan, Inc. (281-588-9700).

Noveno Capítulo

Los Fondos Mutuos

Temas a tratar en este capítulo:

- *Descripción de lo que es un fondo mutuo*
- *Estructura de cargos y costo por operaciones*
- *Clasificaciones de fondos mutuos*
- *¿Qué buscar en el fondo?*

Los Fondos Mutuos

Un fondo mutuo — conocido también como una "empresa de inversión" — es un vehículo en donde se mancomunan los activos de inversionistas individuales, quienes ceden sus fondos a un administrador de cartera. Este administrador ha de colocar estos activos en inversiones consideradas según su filosofía de inversión. Charles Schwab, el fundador de la firma de corretaje que lleva su nombre, en su documento promocional explica que "el administrador selecciona y comercia las acciones o bonos individuales que forman la cartera del fondo, tratando de lograr el objetivo del mismo."

Sitios especializados en fondos mutuos

Morningstar	www.morningstar.com
Mutual Funds Online	www.mfmag.com
Networth	networth.galt.com
Nestegg Directorio	nestegg.iddis.com/mutfund
Mutual Investor Center	www.mfea.com

Quizás una de las principales ventajas de los fondos mutuos es que permiten al inversionista común participar del potencial de retorno al largo plazo en acciones, dejando la preocupación a aquellos que siguen día a día los mercados. Otra ventaja, que éstos dan oportunidad a inversionistas que desean incurrir en el medio, pero que no cuentan con suficientes fondos, diversificarlos en una amplia gama de valores, con tal de seguir una de las principales y mas viejas reglas cardinales del mercado: ¡nunca poner todos los huevos en una sola canasta! Alvin Hall (*Getting*

Started In Stocks, John Wiley, 1997) simplifica el motivo de la popularidad de estos en conveniencia, seguridad percibida y retornos razonables.

Dado que el fondo mutuo utiliza el capital para invertir en valores y éste así emite acciones para ofrecer la oportunidad de participación, al comprar acciones en un fondo mutuo, usted, como "socio," participa en las variaciones de los instrumentos contenidos dentro de la cartera diversificada del fondo. Esta variación, sea positiva o negativa, se verá reflejada en el "valor neto de los activos del fondo mutuo" (*net asset value*), que es el valor representativo de su inversión.

Fondos accionarios (por objetivos de inversión)

Crecimiento agresivo
Ingreso
Crecimiento
Crecimiento e ingreso
Híbridos
    Balanceado
    Ubicación de activos
        Fijos
        Flexibles
Indexados
Internacionales / Extranjeros
Empresas pequeñas
Empresas globales
Sectoriales
    Comunicación
    Financieras
    Médicos
    Recursos naturales
    Metales preciosos
    Bienes raíces
    Tecnología
    Servicios de agua y luz

Fuente: Alvin Hall, *Getting Started in Stocks* (John Wiley and Sons, 1997).

Los fondos mutuos surgieron por primera vez en 1924. Pasado el *Crash* del '29, el 90% de los fondos de aquella época desaparecieron.[24] Para 1940, sólo habían 58 fondos administrando menos de $500 millones en activos. Para 1982, la industria había crecido a unos 500 fondos. ¡Hoy, existen más clases de fondos que acciones listadas en la bolsa de Nueva York, con más de $5 trillones de activos bajo su tutela! No es coincidencia que esto sucede durante un período donde las acciones toman predominancia sobre la política en temas de conversación durante eventos sociales. Ante la democratización del capital, incentivos Estatales por el manejo propio y privados de fondos de retiro y el fácil acceso a información, los años conllevando hacia el siglo XXI, han sido testigos de un impresionante *boom* en la industria, siendo una importante fuente de liquidez para los mercados de capitales tanto emergentes como los desarrollados.

Existe una innumerable diversidad de fondos como destaca el cuadro adjunto. Dependiendo del perfil de tolerancia de riesgo y objetivos, estos van dirigidos a aquellos que buscan *conservación de capital, apreciación de capital, agresivo o algo más conservador, una combinación de ambos, ingreso o un balance* entre diversos instrumentos de inversión, tales como bonos, acciones y mercaderías.

Tipos de fondos mutuos

Existen dos tipos de fondos mutuos.

1. Fondos abiertos (*open end funds*)

Así llamados, porque la empresa administradora se mantiene dispuesta a comprar y vender acciones del fondo a medida que entran nuevos inversionistas o los previos optan por vender su participación y así realizar sus ganancias o tomar sus pérdidas. Es abierto por que no existe límite en la cantidad de acciones que el fondo puede emitir a menos que éste decida cerrar la entrada a nuevos inversionistas. Dichas situaciones generalmente se dan cuando la cantidad de activos ha llegado a niveles extremos que le harían difícil al administrador manejar el fondo.

---

24. Douglas Casey, *Crisis Investing for The Rest of the 1990's* (Citadel Press, 1995).

Algunas empresas administradoras de fondos mutuos

Empresa	Sitio
AIM Funds	www.aimfunds.com
Alliance Funds	www.alliancecapital.com
Fidelity Invesments	www.fidelity.com
Invesco	www.invesco.com
Janus	www.janus.com
T Rowe Price	www.troweprice.com
Vanguard	www.vanguard.com

Los sitios de estas empresas no sólo incluyen información acerca de los fondos que éstas administran, además son una excelente fuente de material educativo para aquellos que quieran aprender acerca de los mercados internacionales.

Las diversas clases de estos fondos se adquieren directamente con la empresa administradora o por medio del corredor de bolsa. Las más reconocidas incluyen Fidelity (www.fidelity.com) con más de $500 mil millones en activos administrados, Janus Funds (www.janus.com), Alliance Capital (www.alliancecapital.com) y Vanguard (www.vanguard.com). Firmas de corretaje como Schwab, E*Trade y Ameritrade, ofrecen un servicio centralizado en donde inversionistas pueden ir de *shopping* y comparar fondos de diversas empresas administradoras con objetivos similares.

Cargos de venta por compra del fondo

Irónicamente, la estructura de gastos por la administración de los activos no es tan simple como la comisión incurrida al comprar o vender alguna acción. Aunque algunos se refieren a estos cargos como comisiones, en realidad estos cargos no deberían considerarse como tal, dado que, en el caso de acciones, el gasto por la transacción está agregado al precio de compra del valor, mientras que en el caso de los fondos mutuos éste está incorporado al precio de venta del mercado. Los fondos mutuos pueden incurrir cargos de entrada, (*front end load*), cargos de salida (*back end load*) o sin cargo alguno (*no load* o *pure no load*).

Cargos de entrada (front end load). Cuando un fondo mutuo lleva un cargo de antemano por obtener sus acciones, éste se considera como un fondo con cargo de entrada. Uno puede determinar si el fondo que se contempla invertir tiene algún cargo de entrada o comisión comparando el precio de compra—el llamado precio de oferta pública (*public offering price—POP*) con el NAV. Si este último es menor, esto implica, que la diferencia representa el cargo de entrada. Uno compra las acciones del fondo al precio del POP. Así pues si el POP es similar al NAV, esto implica que no se incurre costos de comisión inicial.

Dependiendo del fondo y su administrador, el recargo puede variar de un 2.5% (*low load funds*) hasta un 8.50%—tope máximo permitido—del valor a invertir, lo que se vería reflejado en un mayor POP *vis-a-vis* el NAV de las acciones del fondo.

Calculando el valor neto de los activos

Activos		
Efectivo y equivalentes		$200,000.00
Inversión en acciones		
	1,000 ABC @ $50.00	$ 50,000.00
	1,000 DEF @ $30.00	$ 30,000.00
	1,000 FGH @ $20.00	$ 20,000.00
Total activos		$300,000.00
Menos pasivos		$100,000.00
Valor neto		$200,000.00
Cantidad de acciones		200,000
Valor neto activo por acción		$1.00

Es decir:

Valor del Mercado de las inversiones en el fondo
+ Efectivo (y otros activos corrientes) – Total de pasivos = **Valor neto**

Valor neto total / Total de acciones del fondo emitidas
= **Valor neto de los activos por acción**

Cargos de salida (back end load). En otros casos, en vez de efectuar un cargo de entrada, se cobra el *back end load* o el llamado Recargo Contingente Diferido por Ventas (*Contingent Deferred Sales*

Charges). Contrario a los cargos de entrada, dichos cargos se harán si la redención de las acciones de vuelta al administrador del fondo para convertir en efectivo, se da a un período de tenencia específico, por lo general menor a seis años. Dicho cargo se efectúa de manera escalonado. Cuanto más corto el período de tenencia, mayor la comisión cobrada.

    Sin cargo alguno (*no load* o *pure no load*). Aunque se puede inmediatamente interpretar que un fondo clasificado sin cargo alguno (*no load* o *pure no load*), implicaría que no se incurre recargo alguno, la Comisión de Valores de los EEUU (Securities and Exchange Commission), es algo flexible en la definición del término, permitiendo la clasificación de éstos aun a fondos en los que se incurre la llamada tarifa 12(b)-1. Dicha tarifa deriva su nomenclatura de la ley regulatoria bajo este numeral que permite que los administradores de fondos subsidien los costos de promoción de los actuales accionistas con tal de atraer a nuevos participantes en el fondo. Dicha ambigüedad en relación a la clasificación de estos fondos, ha conllevado a la subclasificación de los llamados *pure no load*, los cuales no incurren cargo alguno, sea de entrada, salida, penalidad por redención anticipada, o del llamado 12(b)-1.

    Otros cargos. Existe un cargo anual por la administración de la cartera que va del 0.05% al 1.25% del valor de los activos de ésta. Estos cargos se conocen como "gastos de operación del fondo."

    En el prospecto informativo del fondo se expresan éstos como un porcentaje del total de los activos. Los gastos totales incurridos por el fondo se desglosan de la siguiente manera:

Administración:	0.75%
Tarifa del 12(b)-1:	0.25%
Otros gastos:	0.50%
Operación del fondo	1.50%

    Vale notar que a medida que aumentan los activos que administra el fondo, sus gastos por operación en relación a éste, han de disminuir. Segun la firma Morningstar (www.morningstar.com), el promedio de gastos por operación de fondos abiertos es de alrededor del 1.43% para aquellos fondos que invierten en valores dentro de los Estados Unidos. Para fondos internacionales, esta cifra asciende a 1.89% y para fondos que invierten en instrumentos de renta fija el monto es del 0.94%.

El precio de los fondos abiertos está establecido al cierre de cotización de los valores en el cual éste ha invertido para permitir el cálculo del NAV de los activos que éste contiene. Al ejecutar la orden, se aplica el precio de cierre a la fecha en que ésta se colocó. Al igual que en el caso de las acciones, éstos se identifican por su símbolo, terminando en X. Por ejemplo, FSELX es el Fidelity Select Electronics. Pero dichas cotizaciones no las verá pasar por la cintilla de CNBC. Los precios de cierre se pueden encontrar en los periódicos, en el sitio *web* del mismo administrador o en otros sitios *web* dedicados a fondos mutuos como lo son www.morningstar.com y www.wallstreetcity.com. Los sitios de los mismos corredores como www.schwab.com ofrecen una sección dedicada a educar al inversionista y a ayudarlo a efectuar sus inversiones en estos vehículos y, como es el caso de Schwab, le permite ejecutar la compra directamente desde el sitio *web*, aunque vale notar que algunos corredores en línea, limitan el acceso a esta opción a los no residentes de los Estados Unidos.

También se debe de aclarar que algunos fondos están limitados únicamente a residentes de los Estados Unidos. Existen otros que solamente se pueden ofrecer a inversionistas no residentes de este país. Estos son llamados fondos mutuos *offshore*, registrados en islas de Caribe, consideradas como Paraísos Fiscales. Su corredor de bolsa debe guiarlo e indicarle si usted está eligible para invertir en el fondo de su selección.

2. Fondos cerrados (*closed end funds*)

A diferencia de los fondos abiertos, la empresa que patrocina estos fondos no es la que compra y vende las acciones de sus inversionistas. Una vez ofrecidas en el mercado primario, éstos se transan en la bolsa de valores y se cotizan como si fueran acciones de compañías. Su capitalización está fijada a la cantidad de acciones emitidas originalmente y la variación de su precio dependerá de la oferta y demanda. Esto implica además que los gastos de transacción son similares a los que se aplican al comprar o vender acciones de empresas listadas en la bolsa. Por lo general, estos fondos se destacan por invertir en acciones de empresas cotizadas en bolsas internacionales. Por ejemplo, el Korea Fund, el Germany Fund, el

Japan Fund, etc., permitiendo a inversionistas participar de estas bolsas utilizando el mercado Americano y efectuando las transacciones en dólares y no en la moneda local que puede estar sujeta a considerables fluctuaciones. Pero también existen fondos que se dedican a invertir en sectores específicos de alguna industria.

Estos fondos ofrecen las mejores oportunidades cuando su precio en el mercado se vende a un descuento del valor neto de sus inversiones. Los fondos cerrados se cotizan a un descuento de su valor neto, porque puede suceder que los valores cotenidos en sus carteras se han visto afectados por algún acontecimiento político o económico que afectó la percepción de inversionistas hacia el respectivo mercado.

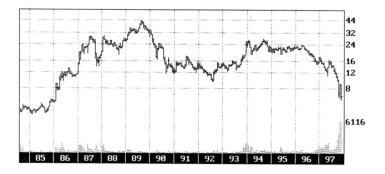

¡Cuando la burbuja explota! He aquí el efecto que tuvo el *Crack* de los mercados Asiáticos de 1997 en el fondo de Corea (Korea Fund). Como se puede observar, aquellos que confiaron en el milagro de la región quedaron decepcionados. Gráfica cortesía de www.wallstreetcity.com por Telescan, Inc. (281-588-9700).

Trate de evitar comprar fondos ofrecidos en una oferta pública inicial. El precio ofrecido, generalmente estará por arriba del valor neto de los activos que contiene el fondo. La diferencia está dada, no por el valor de sus inversiones, sino porque los promotores buscan cubrir los gastos de la oferta con la diferencia entre el precio de la oferta y el valor neto del fondo. La experiencia enseña que eventualmente éste caerá a su valor neto, o a un descuento en relación a sus inversiones.

Estos fondos al estar cotizados como si fuesen acciones listadas en la bolsa, ofrecen la disposición de comprar y venderlos a cualquier momento durante las horas de cotización de la bolsa

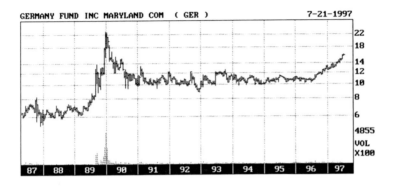

¿Recuerda la caída del Muro de Berlín? La euforia del fin de la Guerra Fría se ve bien reflejada en el comportamiento del Fondo Alemán durante 1989. Gráfica cortesía de www.wallstreetcity.com por Telescan, Inc. (281-588-9700).

entre inversionistas en el mercado secundario. Esto evita esperar al cierre del día para saber el precio de compra o venta de este vehículo.

Clasificaciones de fondos mutuos

Como se mencionó, existe una plétora de fondos que han de permitirle mantener diversificada su cartera de inversión. Esto lleva a la definición de los Fondos Sectoriales que invierten en acciones de industrias en particular, como tecnología, biotecnología, metales, fármacos, etc. Un ejemplo de este tipo de fondos se presentó en la gráfica anterior del Fidelity Select Electronics. En 1976, habían apenas 12 fondos sectoriales, hoy la suma puede que llegue a 400. De igual manera, tenemos los Fondos Globales, que invierten en acciones de empresas alrededor del mundo incluyendo los Estados Unidos, y los Fondos Internacionales, que invierten en acciones de empresas alrededor del mundo, pero con la excepción de los Estados Unidos. A continuación se detallan las diversas clasificaciones dirigidas a inversionistas con diversos perfiles de riesgos y objetivos. Éstos están en orden, del más al menos volátil.

Crecimiento agresivo: Como su nombre implica, el objetivo de estos fondos es obtener la máxima apreciación de capital conmensurado con inversiones de alto riesgo. Éstos buscan invertir en acciones de pequeñas empresas emergentes, en desarrollo de algún producto innovador o aquéllas que reportan consecutivamente un crecimiento de dobles dígitos o más en las utilidades anualizadas. Por ende, estos fondos son extremadamente volátiles. Qué tan extrema puede ser su variación, lo puede determinar utilizando el Beta, o haciendo referencia al múltiplo de las utilidades (P/E) promedio de las inversiones del fondo, que aparecen en las tablas de valuación de publicaciones financieras. Espere dramáticas fluctuaciones en los retornos reportados mensualmente.

Crecimiento: Estos fondos invierten en empresas ya establecidas pero que aún mantienen una tasa anual de crecimiento sobre la norma en comparación a su industria, preferiblemente en los dobles dígitos. El administrador puede considerar una empresa aun cuando ésta esté pasando por un período transitorio en el crecimiento de sus utilidades, o sea, un tropiezo en algún "trimestre" que puede ocurrir por la transición hacia un nuevo producto, pero que a su juicio, ésta aún puede mantener su tasa de crecimiento atractiva al largo plazo. Al igual que los fondos de crecimiento agresivo, su objetivo primordial para con los inversionistas es la apreciación de capital. Los fondos de crecimiento y de crecimiento agresivo pueden estar subclasificados a la vez, de acuerdo al valor del mercado accionario (capitalización) de las empresas en que ha de invertir.

Crecimiento e ingreso: El objetivo de estos fondos es el de proveer una apreciación de capital combinado con un ingreso continuo al incluir valores de rendimiento fijo, tal como bonos, acciones preferentes y valores convertibles. La selección de empresas en esta clase de fondos ha de estar limitada a una filosofía conservadora en donde generalmente sólo se consideran aquellas empresas que han mantenido una trayectoria ininterrumpida en el pago de dividendos.

Balanceado: Estos fondos buscan mantener una filosofía conservadora al diversificar los fondos en una mezcla de instrumentos como bonos, acciones comunes y acciones preferentes. Sus tres objetivos principales incluyen, ingreso y una moderada apreciación del capital por su característica conservadora. Estos fondos están dirigidos a aquellos inversionistas, que aún siendo adversos a la volatilidad que conlleva la inversión en acciones, esperan beneficiarse de cierta apreciación de capital.

Ingreso: Estos fondos invierten únicamente en valores de rendimiento fijo, como bonos, y/o acciones preferentes. Aquí incluimos los llamados Fondos de Bonos, los cuales invierten en instrumentos que, dependiendo de la calidad de crédito del emisor pueden ofrecer un rendimiento considerablemente mayor al que se obtiene en inversiones con objetivos similares. Por ende, aunque por lo general están dirigidos a aquellos inversionistas cuyo objetivo es la preservación de capital, es decir, cuyo perfil de riesgo es considerablemente conservador, uno debe analizar la cartera de estos fondos para determinar la calidad de crédito de las empresas en cuyos instrumentos se está efectuando la inversión. Estas calificaciones van de AAA (más seguro)—CCC (Categoría casi de inversión) a D (especulación). Tenga en cuenta que aquellas emisiones que no han sido calificadas por empresas como Moody's o la Standard & Poor's, o que se han clasificado por debajo de CCC se consideran de alto riesgo. Recuerde que cuando los tipos de interés suben, el valor de los bonos se ve afectado y esto se verá reflejado en el valor neto de esta clase de fondos.

Fondos Indexados

Si bien los administradores de aquellos fondos que se dedican a invertir en acciones (por ejemplo, crecimiento agresivo, crecimiento) esperan superar los retornos del mercado en general (el índice Standard & Poor's 500) esperando explotar las llamadas "ineficiencias del mercado,"—y así justificar sus tarifas de administración—históricamente, superar los retornos del mismo S&P 500, les ha resultado en una frustración. En los últimos 10 años terminados en octubre de 1995,[25] sólo 46 fondos de los 3,361 registrados para invertir en acciones cotizadas en los Estados Unidos pudieron superar el retorno promedio total (incluyendo dividendos) del 15.50% del Standard & Poor's 500. En comparación, fondos administrados que invierten en acciones ofrecieron en promedio un retorno del 12.42%, aquellos que invierten en acciones de empresas listadas en bolsas extranjeras, ofrecieron un retorno del 13.85% y de bonos de corporaciones Americanas, el

---

25. *Investor's Business Daily. Encyclopedia of Investing*, pág. 95.

retorno fue de apenas un 9.91%.[26] Demostrando lo difícil que es superar la rentabilidad de las acciones de empresas que componen el índice bursátil, tal como éstas se representan en éste.

Ante esto, ha surgido una alta demanda por fondos que mantienen una filosofía de invertir únicamente en acciones de empresas que forman parte del Standard & Poor's 500, imitando su composición y así ofrecer retornos similares de una manera pasiva. Uno de los índices más conocidos es el Vanguard Index 500 de la empresa Vanguard, introducido en 1976. Según la edición de la Primavera del 2000 de la revista de inversión para mujeres, *Equity* (suplemento a la revista *Worth*), este fondo tenía $100,379 millones en activos, dándose a la mano con los $100,846 millones en activos bajo la tutela del Fondo Magellan, considerado como "la madre de los fondos" que invierte en una diversidad de acciones de empresas e hizo famoso a su administrador original, Peter Lynch. En los últimos cinco años el retorno del Vanguard 500 ha sido del un 26.50%. En comparación el fondo Magellan, arrojó un retorno del 24.37% en los últimos cinco años. Ambos casos al 29 de febrero del 2000.

Fondos Cotizados en Bolsa (*Exchange Traded Funds*)

Los fondos mutuos indexados están siendo amenazados con la reciente introducción de los llamados Fondos Cotizados en Bolsa (*Exchange Traded Funds – ETF*). Dichos fondos, como su nombre implica, son fondos cotizados en bolsa, particularmente en mercado del American Stock Exchange siendo estructurados, de tal forma de que puedan estar cotizados como acciones, pero, manteniendo su *status* como fondos mutuos. Inversionistas, de acuerdo a www.wordlyinvestor.com, "tienen la habilidad de comprar y venderlos como acciones a cualquier momento durante el día, pero a la vez obtienen las ventajas de diversificación sin las implicaciones fiscales de un fondo mutuo."

Dichos fondos se emiten por la misma bolsa o como un instrumento peculiar de alguna casa de bolsa específica. En el caso del primero, el más común y con el cual se comenzó la moda, fue el lla-

---

26. El estudio fue efectuado por Morningstar, Inc.

mado *Standard & Poor's Depositary Receipt*, reconocidos por su acrónimo *SPDR's* y pronunciado "*spyders*" (símbolo SPY). Al adquirir una acción del Spyder, se obtiene el derecho de participación de una décima parte de un fideicomiso el cual contiene una canasta con las acciones de empresas que componen el indicador del Standard & Poor's 500. Si usted deseará participar del potencial de apreciación de dicho indicador sin tener que adquirir cada una de las acciones de este componente a un costo prohibitivo mientras el nivel del S&P 500 se cotiza en 1,400 puntos, sencillamente se adquiere una acción Spyder a un costo de $140.00, es decir, la décima parte de 1,400.

Otros derivados de la familia del Spyder, es el del Midcap Index (símbolo MDY), representativo de las acciones de capitalización mediana que compone el Standard & Poor's 400, los llamados Diamantes (símbolo DIA — Diamonds), representativo de los componentes del Promedio Industrial del Dow Jones. También están los Spyders sectoriales cuyos componentes están basados en las industrias dentro de las cuales se clasifica el Standard & Poor's 500. Estos se llaman *Select Sector SPDRs*. La lista de estos, que incluyen los sectores de tecnología, telecomunicaciones y finanzas entre otros, la puede encontrar visitando el sitio del Nasdaq-Amex en www.amex.com o www.nasdaq.com. En 1999 se introdujo a la familia los llamados Cubos (símbolo QQQ — Qubes) los cuales están basados en los componentes del Nasdaq 100. (Ver capítulo anterior). La lista de las empresas que conforman a este indicador también se puede encontrar en www.nasdaq.com.

Mercado de dinero

Estos fondos mantienen una filosofía de inversión pasiva al invertir únicamente en valores como letras, aceptaciones bancarias, instrumentos de rendimiento fijo y contratos de recompra, todos a corto plazo (menor a un año). El propósito es el de proveer a inversionistas una seguridad en el valor del principal, a la vez que se obtiene un rendimiento sobre éste (aunque mínimo) mientras los fondos líquidos no se invierten en otros valores cotizados en los mercados de capitales.

¿Qué buscar en el fondo?

Los conceptos introducidos al iniciar este libro para desarrollar una filosofía de inversión, se pueden aplicar de manera similar, si opta confiar el manejo de su cartera a una empresa de fondo mutuo. ¿Cuál es su capacidad financiera? ¿Su perfil de riesgo? ¿Objetivo? Una vez que ha trazado su mapa con tal de lograr su objetivo financiero, considere los siguientes factores al entonces invertir en un fondo mutuo.

Historia del fondo. Las promociones de estos fondos se protegen bajo el lema de que retornos en el pasado no son garantía del futuro, pero ya el sabio Confucio advertía que no se puede saber del futuro si no se aprende del pasado. Por lo tanto, es importante tomar en cuenta el retorno pasado del fondo. Mientras mayor sea la trayectoria, mejor. Así, podrá comparar estos retornos con las diversas condiciones del mercado a través del tiempo. Particularmente en períodos destacados por altas y bajas que han hecho noticia en los medios financieros (por ejemplo, el *Crash* de 1987).

Tome en cuenta el tiempo que el administrador ha trabajado con el fondo. Determine si éste ha mantenido la consistencia en su estrategia y ha sobrevivido las bajas considerables del mercado. ¿El administrador durante el debacle financiero de 1998, es el mismo que administra el fondo en el 2000? ¿Pudo el fondo disfrutar una recuperación similar a fondos similares o en relación a un indicador comparativo durante ese período y bajo el mismo administrador? Mire con un ojo de aprensión administradores de fondos de nuevas tecnologías como la Internet que ponen a la vanguardia profesionales relativamente jóvenes (menores de 30 años) y que no han pasado por correcciones de la bolsa que marcan un hito en la tendencia alcista de la bolsa.

Compare manzanas con manzanas. Si se trata de fondos sectoriales, utilice los índices respectivos a las industrias o sectores en que invierten para comparar retornos. También compare el fondo con otros de la competencia que invierten en sectores similares. Empresas como Morningstar ofrecen sistemas de calificación de fondos determinados en base al riesgo, volatilidad y retorno comparativos. Publicaciones como *Worth* (www.worth.com), *Barron's* (WSJ.com), *BusinessWeek* (www.businessweek.com) y *Money Maga-*

zine (www.moneymag.com) publican trimestral y/o semestral-
mente suplementos especiales con una lista de fondos con sus
respectivos *ratings*.

Asegúrese de que el fondo invierte en lo que dice que invierte.
Algunos fondos promovidos como fondos de ingreso, pueden
estar utilizando derivativos para generar estos ingresos. Otros, con
tal de obtener retornos superiores a los de la competencia, "estiran
la línea" invirtiendo en bonos de mercados emergentes altamente
arriesgadas o en valores de alto rendimiento (*junk bonds*) que son
los más susceptibles a cambios adversos en los tipos de interés.
Estos fondos deben advertir de que invierten en "instrumentos de
menor calidad." Es importante entonces darle una ojeada a las
inversiones listadas en el reporte anual y notar que porcentaje de la
inversión sea acciones o bonos que forman parte de la cartera.

Un sitio *web* altamente recomendado para efectuar un deta-
llado análisis al considerar la inversión en un fondo mutuo es el
sitio de Morningstar.com. Este le permite ver las principales tenen-
cias del fondo y el nivel de riesgo que éste asume al efectuar sus
inversiones. Al ojear la información, pregúntese a usted mismo si
en lo personal, invertiría en las acciones de las empresas que conforman principalmente la cartera y estaría dispuesto a asumir la
volatilidad que el administrador del fondo está dispuesto a tomar
con tal de buscar retornos superiores. Observando el Beta del
fondo, le ayudará a determinar que tan volátil es éste, en relación
al mercado, como consecuencia de sus inversiones.

Décimo Capítulo

La Internet como Herramienta

Temas a tratar en este capítulo:

- *Utilizando la Internet para mantenerse al día*
- *Interpretando la cintilla de cotizaciones*

La Internet como Herramienta

El acelerado advenimiento tecnológico de finales del siglo XX conllevó a una explosión de servicios de información cuyo bombardeo diario de datos, fácilmente intimida hasta al más leal seguidor de los mercados bursátiles. Pero, contrario a la creencia convencional, involucrarse en el mercado no implica la necesidad de seguir las variaciones de las acciones minuto a minuto, mucho menos al segundo. De esta manera, evitamos que la volatilidad que caracteriza a estos instrumentos a corto plazo, tenga una influencia emocional en el motivo fundamental por el cual se adquirió o pretende adquirir la acción originalmente. Aprender a reconocer las fuentes que nos proveen, por lo menos una vez al día, la información necesaria para mantenernos al tanto, del comportamiento del mercado, así como de las oportunidades que puedan presentarse, nos ayudará a encontrar y seguir tendencias que nos convertirán en un inversionista completo y más tranquilo.

¿Dónde encontrar información?

Las tres principales fuentes de información financiera pública y de ideas para invertir son: las páginas financieras y las secciones de tecnología de los medios de comunicación impresos, los canales de TV financieros e la Internet (un medio que hace apenas tres años no nos pasaba por la mente y mucho menos veíamos como una innovación indispensable para mantenerse al tanto de los acontecimientos globales). Tenemos entonces a *The Wall Street Journal*, las revistas semanales *Barron's*, *Forbes* y *BusinessWeek*, *Bloomberg*, CNBC, CNNfn, etc. Pero, no se preocupe, con referirse a una o dos de estas fuentes es suficiente. Por lo general, todos dan a conocer la misma información en cuanto al comportamiento general del mercado y utilizan la Internet como un complemento para diseminar la información y reportes de interés.

Es recomendable mantener subscripciones por lo menos a tres de las publicaciones semanales arriba mencionadas, debido a que los temas de fondo que cubren pueden sugerir oportunidades de inversión. Algo que aún no ofrece el medio virtual, es la capacidad que tiene el medio impreso de acomodar anuncios que sean lo suficientemente informativos para alertarlo de los nuevos productos de una empresa. Preste atención a los comerciales de CNN y las contraportadas de la revista *BusinessWeek*.

No debe limitar sus fuentes de información a medios específicamente financieros. Preste atención a publicaciones que cubren tantas innovaciones tecnológicas como aquéllas que cubren la situación en las tendencias sociales. Por ejemplo, un reporte aparecido en una revista de turismo, relativo al incremento en el poder adquisitivo de aquellas personas que se están retirándose, nos llevaría a investigar empresas como Royal Caribbean Cruises o la Carnival Cruise Lines. Reportes de un incremento en el tráfico de pasajeros o de carga como consecuencia de la apertura de mercados comerciales a nivel global, nos llevaría a investigar empresas como la Federal Express. El desarrollo de un microprocesador para analizar y descifrar el código genético, nos llevaría a investigar una empresa llamada Affymetrix o Genelogic. Una vez compilada la información de estas empresas, aplique los conceptos de análisis y de valuación aprendidos para determinar si la lista de candidatos amerita su inversión.

¿Dónde cerró el mercado hoy?

Como hemos aprendido, para obtener un pantallazo de la situación del mercado sin necesidad de obtener la variación de cada valor cotizado en éste, podemos utilizar los indicadores bursátiles representativos de las industrias o bolsas de nuestro interés. Los más populares son:
* Los promedios industriales de transporte y de servicios de luz y de agua del Dow Jones
* Los índices bursátiles del Standard & Poor's
* Los índices bursátiles del Nasdaq.

La información de estos indicadores se encuentra en la sección "Money and Investing" de la versión interactiva de *The Wall Street Journal* (WSJ.com) y en los sitios de la Internet de las publicaciones arriba mencionadas. En las páginas de estadísticas del mercado, además, encontrará las tablas de aquéllas acciones que fueron las más activamente intercambiadas entre inversionistas, las que tuvieron el mayor volumen de cotizaciones, las ganadoras y las que perdieron su valor considerablemente en términos porcentuales y absolutos. Además, encontrará las cotizaciones de otros instrumentos financieros como lo son las monedas, los metales, las mercaderías y los bonos del Gobierno Americano. En las páginas financieras se listan las tablas de cotizaciones del cierre en el precio de las acciones al día anterior a la publicación.

La Internet ha hecho que el número impreso en los periódicos sea algo innecesario. Existe un sinnúmero de servicios que le permiten, sin costo alguno, obtener el precio de la acción durante el día y al cierre y, además, le alertan por correo electrónico el precio de cierre de sus inversiones. Estos incluyen www.pcquote.com, www.dbc.com, www.wallstreetcity.com, www.infobeat.com, www.msnbc.com, www.interquote.com, www.stocksmart.com, y www.my.yahoo.com/quotes.html. Para aquellos que quieren manejar su cartera como los ingenieros financieros (también conocidos en inglés como *quants*) de Wall Street, se recomienda el sitio http://riskview.com del Dow Jones y www.rcm.com.

Organizando la telaraña de información

Quizás la mejor manera de no perderse entre la telaraña de información es tomando como modelo la agenda que utiliza este autor para mantenerse al día con los mercados. Como notará, los sitios con información financiera en español son bastante limitados dado el nivel emergente de desarrollo bursátil a nivel internacional en nuestra región, pero el cual con este libro pretendo cambiar. Aun así, existe el sitio www.buscafinanzas.com y la www.laempresa.net. El primero clasifica sitios financieros en nuestro idioma de acuerdo a la categoría de interés, en un formato similar al de Yahoo. Vale advertir que estos sitios tienen su origen en la Madre Patria, por lo cual en muchos casos, predominará información financiera relevante al mercado Español. Por otro lado, está el sitio en español de Yahoo!, en mx.yahoo.com/noticias/negocios, algo incómodo de tener acceso directamente, pero tiene una cobertura predominantemente dirigida al mercado Americano y se obtienen del sistema noticioso Reuters (www.retuers.com). También están los portales en español, www.zonafinanciera.com, www.consejero.com, www.espanol.internet.com y www.inviertaya.com.

A continuación listo los sitios más comúnmente utilizados por este autor. Al final de este capítulo se lista aquellos que se han mencionado a través de este libro.

Lectura de comentarios enviados a la casilla electrónica

www.wired.com
www.cnet.com
www.internet.com

Estos sitios proveen un formulario para subscribirse al envío masivo de sus *e-mails*. En el caso de www.internet.com, la cobertura está clasificada en los diversos sectores de la Internet, permitiendo que uno escoja los de mayor interés.

Lectura de titulares internacionales y financieros

www.newshub.com
WSJ.com
www.nytimes.com

El sitio de www.newshub.com es un excelente medio informativo que centraliza la información de diversas fuentes dando acceso directo a los más recientes titulares categorizados en mercados, tecnología, salud, entretenimiento y deportes. Obviamente los más importantes para un inversionista han de ser las categorías relevantes a los tres primeros tópicos.

Si un artículo le llama la atención, no hay apuro en leerlo inmediatamente. Lo peor que puede hacer es tomar su decisión en base a la noticia del día. Es importante leer entre las líneas y efectuar su investigación fundamental y técnica si se trata de una acción. Lo ideal es imprimirlo para la lectura al final del día o durante el fin de semana de tal forma que pueda seguir con sus

labores cotidianas y no distraerse por el mercado. El sitio de la
Internet de WSJ.com ofrece acceso a *The Wall Street Journal* Améri-
cas en Español.

Análisis e investigación fundamental y técnica

www.wallstreetcity.com
www.clearstation.com

El primer sitio, www.wallstreetcity.com, lo utilizo religio-
samente todos los días. Provee excelentes comentarios e ideas de
inversión aplicando conceptos de análisis técnicos y fundamentales.

Apéndice:
Sitios financieros mencionados en el libro

A continuación, se listan sitios en Internet, mencionados como
referencia en los capítulos de *Divisando Wall Street desde el Sur de
América*. Puesto que la Internet es un medio dinámico, y constantemente cambiando, algunas de estas direcciones quizás no estén
funcionando al momento de la publicación de esta obra. Para una
lista actualizada de más sitios, puede visitar cualquiera de los sitios
de búsquedas, referidos como *portales*, tales como yahoo.com,
lycos.com, y altavista.com.

¡Que se divierta en el *surf*!

Portales financieros

mx.yahoo.com/noticias/negocios
www.buscafinanzas.com
www.consejero.com
www.espanol.internet.com
www.inviertaya.com
www.patagon.com
www.zonafinanciera.com

Portales generales

www.cnet.com
www.internet.com
www.lycos.com

www.newshub.com
www.nytimes.com
www.yahoo.com

Servicios de noticias y reportes financieros

mx.yahoo.com/noticias/negocios
www.businessweek.com
www.cnbc.com
www.laempresa.net
www.bloomberg.com
www.moneycentral.com
www.msnbc.com
www.newshub.com
www.reuters.com
www.wordlyinvestor.com
WSJ.com

Servicios de análisis fundamental

http://riskview.com
www.10kwizard.com
www.financialweb.com
www.freedgar.com
www.hoovers.com
www.ianforum.com
www.investools.com
www.investoresearch.com
www.investors.com
www.marketguide.com
www.marketguide.com
www.moneycentral.com
www.moneynet.com
www.morningstar.com
www.rcm.com
www.sec.gov
www.stockguide.com
www.stockinfo.standardpoor.com
www.stocksmart.com
www.stockwiz.com
www.techstocks.com
www.valueline.com
www.wallstreetcity.com
www.wilshire.com
www.wired.com
www.wsrn.com

Servicios de análisis técnico

www.bigcharts.com
www.chartpatterns.com
www.clearstation.com
www.sixer.com
www.stocktrendz.com

Servicios de proyecciones de utilidades

www.firstcall.com
www.ibes.com
www.zacks.com

Bolsas de valores y redes de comunicación electrónica

www.archipielago.com
www.instinet.com
www.island.com
www.nasdaq.com
www.nextrade.com
www.nyse.com
www.primex.com
www.redibook.com
www.wise-exchange.com

Corredores de Bolsa

www.alltech.com
www.ameritrade.com
www.BuyandHold.com
www.cybercorp.com
www.datek.com
www.etrade.com
www.freetrade.com
www.marketxt.com
www.ndb.com
www.onlinetradinginc.com
www.schwab.com
www.suretrade.com
www.tradecast.com

Cotizaciones en línea

www.dbc.com
www.interquote.com
www.my.yahoo.com/ticker.html
www.pcquote.com

Indicadores Bursátiles

indexes.dowjones.com
www.amex.com
www.dowjones.com
www.nasdaq.com

Fondos Mutuos

nestegg.iddis.com/mutfund
networth.galt.com
www.aimfunds.com
www.alliancecapital.com
www.amex.com
www.fidelity.com
www.infobeat.com
www.invesco.com
www.janus.com
www.mfea.com
www.mfmag.com
www.moneymag.com
www.morningstar.com
www.troweprice.com
www.vanguard.com
www.worth.com

Epílogo

El Inicio del Fin

"La diferencia entre un soñador y un visionario, está en que el visionario se levanta de la cama."

El Inicio del Fin

Desde sus terminales conectadas a la Internet, en contacto con sus corredores "en línea," utilizando el tradicional teléfono y pegados a los reportes financieros de los medios disparados por satélite o por las venas de fibra óptica, inversionistas y especuladores, en los últimos años del siglo XX, irían por un viaje de expedición tan estimulante como las andanzas aventureras de Cristóbal Colón y Vasco Núñez de Balboa, en busca de riquezas en un nuevo mundo.

¡Vientos a estribor! Justo cuando las cosas no podían ir mejor (en esta Era caracterizada por el avance tecnológico, el triunfo del capitalismo y la tranquilidad de la democracia), un vendaval hacia el Pacífico azotaba los mares. Entonces comenzó a tronar... ¡En octubre 27 de 1997, el Promedio Industrial del Dow Jones registró, en lo que sería hasta esa fecha su peor caída en términos absolutos, contrayendose 554.26 puntos! Con una explosiva combinación de recesión asiática, el subsiguiente desfalco ruso en el verano de 1998, pérdidas de miles de millones de un fondo de alto riesgo y la devaluación brasilera en el horizonte, sencillamente estábamos frente a un entorno financiero global en implosión. Apenas en abril del 97, el Dow, había pasado la marca de los 9,000 puntos: un nuevo record histórico. ¡Para agosto 31 de 1998, éste estaba abajo 20% de su alta!

Sin duda, 1998 fue uno de los años más volátiles de la historia bursátil contemporánea en los Estados Unidos. Para octubre de este año, parecía que aquella corrida bursátil iniciada en 1990 y que tomó un auge sin precedentes a partir de 1994, llegaba a su fin. El riesgo percibido por los inversionistas exigía una tasa esperada de retorno que parecía querer desintegrar el valor presente de los valores. La *Flu* Asiática se propagaba a Latinoamérica, mientras que el Banco de la Reserva tuvo que coordinar el rescate por

US$3,500 millones de un fondo de alto riesgo. Finalmente, en una medida de emergencia, tuvo que embarcarse en una agresiva política de reducción en los tipos de interés. En octubre 15 de 1998, sorpresivamente se redujeron por tercera vez en tres meses, los tipos de interés a corto plazo, para evitar que la economía de los Estados Unidos sucumbiera al virus financiero global, además de rescatar, indirectamente aquellas economías y corporaciones deshidratadas por la sed de capital. La táctica funcionó. El Dow registró un aumento de 330.58 puntos aquel día. No pasó ni un año cuando ya el mercado llegaba a los 10,000 puntos, el cual alcanzó el 21 de marzo de 1999, y para agosto 23 de 1999, éste registraba una nueva alta histórica de 11,299.76. La Crisis Financiera del '98 se iba convirtiendo en un distante recuerdo en la memoria de los inversionistas celebrando el cierre del siglo XX llevando al indicador a otro cierre record histórico de 11,497.12 puntos, no pasó ni un mes y ya el ubicuo promedio abatía el reciente record. El 14 de enero del 2000 éste termina en 11,722.88.

A las orillas del 2000, ahora se tocaba las puertas de un nuevo siglo y la emoción de los inversionistas fieles a la Nueva Era Tecnológica que estaba transformando cada rincón de nuestras vidas, también se veía reflejada en el Compuesto del Nasdaq que se había apreciado más del 200% desde su baja durante la implosión financiera de 1998 y que sólo desde octubre de 1999 a su alta histórica de 5,048.62 puntos registrada en marzo del 2000, ¡se había apreciado un 89.00%!

Viernes, 14 de abril del 2000. Con el mercado ya tambaleando ante dos semanas bastante tumultuosas, se da a conocer un reporte inflacionario extremadamente negativo. Se destaca un incremento en el indicador de precios al nivel del consumidor del 0.7% durante marzo, muy por encima del 0.5% esperado por inversionistas y el mayor incremento en un año. El Dow pierde 618 puntos o un 5.70% de su valor y el Nasdaq 356 puntos o un 9.7% de su valor. Por su parte, el Standard & Poor's pierde 83.95 puntos o 5.80% de su valor, luego de haber perdido más de 100 puntos durante la sesión. El Nasdaq se encuentra atrapado bajo las garras del oso al registrar una pérdida de más del 30% desde que tocará su alta, circa marzo 10 del 2000. Inversionistas pasan de la crisis maniática a la depresiva.

En un giro de 360 grados a la estrategia monetaria de 1998, ahora el Banco de la Reserva embarcaba en una política monetaria restrictiva incrementando los tipos de interés al corto plazo por quinta vez en un año, con tal de desacelerar la robusta economía de los EEUU la cual abatía records históricos. Sobre esto, comentarios cautelosos del analistas y administradores de fondos en cuanto a la inflación de una burbuja especulativa tecnológica, excesivas valuaciones en acciones de empresas *punto com* en relación a sus prospectos de crecimiento cuando la creencia de que "las viejas aplicaciones de valor" ya no se aplicaban por ser ésta una nueva Era y la utilización exagerada de fondos de margen por inversionistas principiantes e ignorantes al riesgo que conllevaba dicho apalancamiento finalmente quebraron la espalda de la espectacular tendencia alcista del último año.

Entrando al siglo XXI, hacia la deriva nuevamente se escuchaba el tronar de una tormenta. Pero, esta vez no eran factores externos a la 1998, ni *shocks* inflacionarios como se pretendía justificar la reacción del mercado aquel abril 14, los que tildaban la embarcación. Con un retorno positivo del 85% en 1999, y luego de una apreciación superior al 200% en dos años, fue sencillamente la mismísima codicia de los inversionistas que había empalagado sus expectativas de llegar a su retiro antes de la edad mandatoria de la vida, la que ocasionó un brusco giro hacia mares picados.

El 14 de abril del 2000 tanto el Promedio Industrial del Dow, como el Nasdaq sufrieron la peor caída en su historia, en términos absolutos de 617.68, 356.74 puntos respectivamente, luego que el primero llegará a caer más de 700 puntos, y el segundo 400 puntos. Cerrando la semana aquel 14 de abril el mercado favorito de los fanáticos de la Nueva Era había pérdido más del 34% de su valor, o unos 1,700 puntos de su alta. Solamente en la semana, éste perdió el 25% de su valor. Para muchos que apenas comenzaban la aventura en el fascinante mundo de Wall Street, entre records hacia arriba y los temerarios records hacia abajo, la travesía inicial comenzó piloteando una embarcación en las feroces aguas de la volatilidad.

Tanto los *cracks* como las euforias bursátiles al corto plazo, no son el resultado de inversionistas comunes comprando y vendiendo de acuerdo a modelos econométricos que dictan el valor justo a pagar de acuerdo con números tangibles. Estos eventos bursátiles se llevan por ajustes, que dependiendo del humor de los participantes, llevan el mercado muy por encima de su valor fundamental, o muy por debajo de este. Como comentaba el artículo publicado el 17 de abril del 2000 en *The Wall Street Journal*, "lo que inversionistas están dispuestos a pagar por ingresos distantes está altamente correlacionado con su confianza" ("With Market Momentum Reversed, Investors Try to Find Settling Point," Greg IP y E. S. Browning). La diferencia entre la tasa de retorno que nosotros esperamos sobre otra alternativa más segura de inversión y aquélla que incorpora el mercado, nos dice, que tanto se valora la euforia o depresión bursátil. Si le doy la opción de invertir en Cisco Systems o WorldCom, sin pensarlo dos veces, ¿cual acción escogería? Asumiendo ahora que la tasa de retorno anual de la primera es del 3% y de la segunda del 14% en base a su crecimiento en utilidades esperadas a cinco años, ¿qué inversión debería hacer mas sentido? Si en vez de listar el precio de las acciones en los sistemas de cotización, o en la cintilla electrónica de los canales financieros se reportarán sus rendimientos basados en el crecimiento esperado de la empresa, pienso que el mercado daría cabida a agentes algo más racionales.

Las correcciones que se dan a corto plazo, se pueden relacionar a un sinnúmero de factores con tal de dar un ambiente de drama y suspenso a los fascinantes *cracks* bursátiles. Pero la realidad es que ni los comentarios de analistas expertos, ni la inseguridad en cuanto a la dirección inflacionaria o desinflacionaria y la respectiva dirección de tipos de interés, son los que ocasionan el pánico cuando toca la bajada de la Montaña Rusa. Éstas son las náuseas ocasionadas ante el malestar por el empalago de inversionistas que, así como en 1929, 1987 y el 2000, se dejaron llevar por la creencia de que todo lo que sube, tiene que seguir subiendo.

La imaginación de los inversionistas es difícil de cuantificar y mucho menos explicar. El mercado accionario no es una imprenta de dinero. Cuando el valor de la fantasía se ajusta a la realidad, debe estar preparado dado que la segunda cae hacia la primera con un golpe que lo hará sentir sus entrañas. Paradójicamente, a medida que se transfiere el riesgo del vendedor al comprador, ciegamente el comprador acepta tasas de retorno menores, y en casos sin saberlo o sin darse cuenta de ello, retornos esperados negativos dado que adquieren acciones de empresas que no se puede ni estimar cuando generarán un flujo de efectivo operativo o utilidades positivas.

Los que sobreviven los maremotos bursátiles, son aquellos que objetivamente sopesan el factor ilusorio del realista y han trazado un objetivo al largo plazo, aprovechando lo que el afamado especulador y ahora filántropo George Soros diría son los episodios de falsedades a través de la historia económica que no tiene fin. ¡Para éstos, la gratificación instantánea no es prioridad, los verdaderos inversionistas bursátiles, no esperan hacerse millonarios de la noche a la mañana comprando lo que su cuñado, su hermano o su vecino compra porque el cuñado del hermano del vecino compró! Estos aprovechan los períodos correctivos para entonces buscar entre la leche filtrada de la nata—algo que el capitalismo tarde o temprano se encargará sin intervención de alguna mano visible. Los mercados son eficientes al largo plazo, explica el economista Milton Friedman,[27] "pero al corto plazo son muy lejanos ha ser eficientes...," punto probado con el comportamiento irracional de algunas acciones de empresas cuya tasa esperada de retorno en la ecuación es sopesada con el *chance* de ganar la lotería. En períodos eufóricos como lo fue la fiebre *punto com* hacia la culminación del siglo XX, especuladores olvidaban que, como diría Santayana, estaban condenados a repetir la historia, cuando el lado derecho (imaginación) de su cerebro abrumó el lado izquierdo (lógica).

Anuentes a que hacia el horizonte detrás del chaparrón se dislumbran los rayos del sol, sagaces inversionistas aprovecharán el espanto especulativo cuando se dan las correcciones de las ineficiencias características del fascinante mundo del mercado de valores. Al contemplar la inversión en una acción, no se olvide que las utilidades operativas, el flujo de efectivo, su retorno sobre patrimonio y activos y la cantidad de veces que está pagando por participar de prospectos realísticos, no ilusorios, del crecimiento de la empresa de acuerdo a su generación de ingresos y ventas son los factores, que al final de cuentas dictan el propósito de ser de estos empresitos bursátiles. Cierto, en algunos casos, se requerirá tener visión y tener la capacidad de leer entrelíneas cuando se incorporan nuevas tecnologías. Como un buen capitán debe desarrollar sus instintos de navegación, pero de manera inteligente, escuchando sus neuronas y no al perico sabelotodo.

---

27. Jack Trout, "Stupid Net Tricks," *Business 2.0* (Mayo de 2000).

Para inversionistas con pies en tierra, la historia y el futuro tal como se percibe desde este presente, está de su lado. Los que se mantuvieron de acuerdo al plan, de invertir con lo que tenían y no utilizar fondos prestados, que contemplaban los verdaderos fundamentales, que hacían caso omiso a actores frustrados bajo el papel de "expertos" en las escenas dramáticas de esta novela y que creyeron en su propia visión y capacidad intelectual, sobrevivieron la cascada de 1987 cuando la alta del Dow fue de 2,746.65 puntos, la tempestad de los '90 cuando éste topaba 3,024.26, y el vendaval del '98 al tocar 9,333.08. (¿Nota algo particular de los períodos anteriores? Éstas son las altas que sirvieron de predecesor a las correcciones de magnitud considerables, pero cada una ocurrió a niveles más altos que la anterior). Toda crisis conlleva a una oportunidad. ¡Los eventos a principios del año 2000 volvían a dar una oportunidad única de inversión ante una Era tecnológica y económica sin precedentes! ¿El inicio del fin? Lo dudo.

Acciones al largo plazo, más que compensan por territorio perdido en los temibles períodos correctivos. Utilizando el indicador Standard & Poor's 500 como guía histórica, notamos que anualmente de 1946 a finales de 1998 se registró un retorno positivo durante el 80% del período. De acuerdo a la firma Ibbotson Associates, acciones de empresas pequeñas han registrado pérdidas en 22 años desde 1926, o un 30% del período terminado a 1998, en períodos a 5 años, la pérdida registrada ha ocurrido un 13% del tiempo, a 10 años tan solo 3% y para la sorpresa de muchos lectores, en 20 años, ¡la pérdida registrada ha sido del 0%![28] A partir de 1928 (inclusive), dentro de períodos mayores a 20 años, no ha habido en la historia de la Bolsa de los EEUU, en que las acciones basados en el Standard & Poor's 500, hayan registrado un retorno negativo. Si extendemos los períodos de tenencia de cinco a diez años, surgen unos datos peculiares que lo hará quizás, fiel creyente.[29] ¡Si durante el tiempo de 1946 a 1998 hubiese mantenido sus posiciones en acciones por lo menos cinco años, el 98.10% del

---

28. Fuente: *Stocks, Bonds, Bills and Inflation, 1999 Yearbook* © 1999 Ibbotson Associates, Inc. Basado en material registrado con derechos de autor por Ibbotson y Sinquefield. Todos los derechos reservados. Utilizado con permiso.

tiempo hubiera registrado retornos positivos, mientras que a diez años, al igual que bonos y letras del tesoro, el retorno positivo se ha dado el 100% del tiempo!

No será ni la primera ni la última vez que los principales indicadores registren variaciones positivas y negativas históricas. Puede suceder que al leer este libro los principales indicadores ya están por encima de sus altas históricas. Pero, también puede suceder que al terminar este libro, ambos indicadores vuelvan a sucumbir bajo las garras del oso. Nadie sabe con exactitud ni a cuanto ni cuando. Lo importante no es cuáles fueron o serán exactamente aquellos incrementos[30] o niveles, sino que la tendencia se mantenga conmensurada con el progreso tecnológico al largo plazo.

Sea 1987, 1998 o el 2000, una y otra vez el mercado ha demostrado y seguirá demostrando que éste eventualmente se recupera hacia su tendencia secular alcista. El modelo económico estructural de los Estados Unidos ha llevado la batuta del mundo libre desde su revolución industrial a finales del siglo antepasado hasta principios de éste, beneficiándonos con tecnologías que hacen nuestra forma de vida más práctica, cómoda e interesante. Ahora que pasamos de la generación análoga a la generación digital, como dice el comercial de la MCI WorldCom, el Coloso del Norte parece re-acelerar sus pistones. Ahora es cuando se debe aprovechar que nuevamente zarpa la embarcación del muelle, aun ante aguas algo picadas a la cercana deriva.

Saque sus paraguas, abróchese la capota, telescopio al ojo y vista al norte. Sin duda éste es un período único que se da cada una que otra generación. ¡El mundo se ha convertido en un supermercado de oportunidades y es de esto de lo que se trata la globalización acelerada por el fenómeno de la Internet y el incremento

---

29. Fuente: *Stocks, Bonds, Bills and Inflation, 1999 Yearbook* © 1999 Ibbotson Associates, Inc. Basado en material registrado con derechos de autor por Ibbotson y Sinquefield. Todos los derechos reservados. Utilizado con permiso.

30. El 17 de abril el Nasdaq subió un récord en términos absolutos de 217.87 puntos a 3,539.16 y el 18 de abril registró otro incremento record absoluto de 254.27 puntos, permitiendo al indicador cerrar en 3,793.43 puntos. En menos de una semana, éste se recuperó 14.20% de la baja registrada aquel infame 14 de abril al tocar 3,321.29 puntos.

productivo gracias a las nuevas tecnologías informáticas! ¡De nada vale quedarse resguardado en la embarcación! Como mencionaba al principio de esta obra, no todo lo que lleva el apellido de la tecnología de turno siempre subirá, pero habrá muchas otras que sí lo harán! De más de 300 marcas de automóviles a principios del siglo pasado, ¿cuántas quedan hoy? Lo importante es no caer en la tentación de sólo comprar por comprar para estar a la "tecno-moda." Espero que utilizando este libro como guía, pueda divisar aquellas empresas que relucirán al forjar la infraestructura de la Internet, que nos hacen más productivos, que nos entretienen inteligentemente o que desarrollan medicinas que no hace ni cincuenta años, se imaginaban en obras de ciencia ficción.

Mantengamos la perspectiva positiva. Insisto, la tendencia secular alcista, dentro de uno que otro hipo, continuará. Como hemos visto, y algunos vivido, no se debe esperar un camino de seda. Si no es un desajuste monetario en alguna economía emergente, algún conflicto bélico, temores inflacionarios, deflacionarios, recesivos, expansivos, la opinión de alguna casa de bolsa, o analista heroico de turno, tenga en mente que siempre habrá algo que el mercado "descontará" ante el riesgo percibido en el impacto de las operaciones de las empresas. No espere una travesía que lo llevará 90 grados hacia arriba, esté preparado a las altas y bajas de dichos "ajustes," pero que a períodos de cinco a diez años, se van disipando, cuando los prospectos fundamentales específicos de la empresa predominan sobre la psicología general del mercado.

En esta obra, puse a su disposición un mapa objetivo para guiarle en la incursión a este fascinante viaje a lo que puede ser un "nuevo" mundo. Espero haber logrado el objetivo al explicar, educar y proveer consolación si ya había embarcado sin mapa alguno. Recuerde prepararse para una travesía, que como demostraron los eventos de 1990, 1998 y el 2000, lo enfrentará con tempestades que pondrán a prueba su sagacidad (y estómago) como inversionista... Dicha sagacidad estará demostrada, cuando aprenda a controlar sus emociones y aproveche estas "correcciones" para acumular acciones de aquellas empresas que tienen un futuro prometedor al posicionarse como líderes en sus respectivos sectores.

Todos formamos parte de un gran laboratorio cuyo experimento hemos de llamar "globalización." Si bien ésta es la etapa de "error y prueba," no podemos confinarnos a esperar a ver que pasa, sino, lo que pasará es la oportunidad. La interpretación de aquel viejo proverbio Chino, "que vivas en tiempos interesantes," depende de la perspectiva en que lo veamos. Veámoslo desde el punto de vista positivo y tomemos el proverbio Chino como una bendición. Como explica Julian Simon en la revista *Wired* de enero de 1998, dedicada al cambio: "estamos en medio del levantamiento más fascinante de conocimiento y riqueza jamás visto en la tierra, y esta tendencia (por primera vez en la historia humana) es irreversible." ¡Lo mejor está aún por venir!

Quizás detrás de su mente alguna vocesita patriótica resuena porque los conceptos aquí elaborados y el estímulo de invertir, ha sido dirigido hacia el mercado Imperialista de los Estados Unidos.

Primero, nuestros países aún se encuentran experimentando con políticas que incrementan la disparidad entre la clases pudientes y las no pudientes, amenazando así con rasgar la fragilidad social que podría regresarnos a la era paternalista de gobiernos centralizadores, de la década de los '70. Por más que queremos criticar al Coloso del Norte, observe a su alrededor. Lo más probable es que actualmente esté utilizando un producto o servicio, que de una manera u otra ha sido heredado de la atrevida cultura de los Estados Unidos o cuyo concepto fuese originado allí en este siglo. La diversidad y agresividad empresarial en este país, les ha permitido en los últimos 70 años llevar la batuta del desarrollo tecnológico, el balance político y económico a nivel global, nos guste o no. *Sorry* Chávez, no es el nacionalismo lo que nos da de comer, sino la moneda Yanqui.

En los últimos años del siglo XX y la deriva del XXI, los Estados Unidos ha cimentado las bases para seguir dictando las pautas al amarrar los cabos que se sueltan internacionalmente: la Crisis Latina de 1982 y 1994, la Guerra del Golfo en 1990, la Gripe Asiática de 1997, el desfalco-moratorio de Rusia en 1998 o Kósovo en 1999. Irónicamente, el modelo económico de los Estados Unidos, (que tanto se criticó durante la década de los '80, cuando se temía que Japón "compraría" al mundo, mientras que el milagro de los Tigres Asiáticos, era el ejemplo a seguir por nuestros países), ha resultado más efectivo para incrementar la riqueza de un país y sus habitantes. Los ingredientes son: el estímulo de libre competencia que conlleva a los avances tecnológicos, el mejoramiento de la productividad ante bajos costos de capital, márgenes de retorno atractivos sobre este costo y la democratización del capital.

Estados Unidos es el país que hoy por hoy, está firmemente fundado en base a principios democráticos que aseguran aquella estabilidad económica y política cuando, en el resto del mundo, estos ideales aún tambalean. La resiliencia del mercado Americano en comparación a los de las demás economías ante los eventos financieros que conmovieron al mundo, confirmó una vez más la posición de liderazgo económico y político de esta nación. Los fondos golondrina que escapaban de la plaga económica en Asia y Europa Oriental (y pronto se propagaban a Latinoamérica), encontraron refugio en los mercados de capitales de este país. La vacuna que eventualmente trajo consigo la estabilidad financiera se dio una vez que el Banco de la Reserva de los Estados Unidos actuó para re-establecer la tan saciada liquidez a nivel global, mientras el Fondo Monetario Internacional, parecía insinuar: "¡aquel muerto no lo cargo yo!"

Claro, no existe garantía que Estados Unidos mantendrá esta posición privilegiada indefinidamente, pero pienso que el fin de la Guerra Fría en (1989) marcó el inicio del fin. Esta Nueva Era o Paradigma, apenas comienza. Me siento optimista, y pienso que ésta ha de durar, por lo menos, una generación entera más. De aquí a 35 años, pasarán muchas cosas—garantizado. De allí entonces que se puede mirar hacia el horizonte, y entonces divisar Wall Street desde el Sur de América.

Índice

Breinigsville, PA USA
27 October 2010
248213BV00002BA/71/A